실무에 바로 쓰는 ────

일잘러의

잔마왕(이주석) 지음

UiPath

업무 자동화

데이터 크롤링, 엑셀, 이메일 등 반복 업무를
자동화하는 유아이패스 입문 & 활용

Jpub
제이펍

< 차례   Q ≡

우리는 지금 4차 산업혁명 시대를 살아가고 있습니다. AI, 자율주행, IoT, 로봇 등의 디지털 기술 혁명이 오늘날 우리 근무 환경에 자동화, 지능화 혁명을 가져오고 있습니다. 하이테크 기업에 이미 많은 변화가 생기고 있으며, 그 영향력은 일반 기업으로 점차 확산되고 있습니다.

특히, 로봇을 활용한 업무 자동화는 가장 먼저 실질적인 업무 영역에 영향을 주게 될 것입니다. 일반적으로 사무 업무가 로봇 자동화와 거리가 멀다고 여길 수도 있지만, 로봇의 범위를 내 컴퓨터 안에서 자동으로 동작하는 프로그램으로 확장해서 본다면 이미 자동화는 우리 곁에 생각보다 가까이 와 있음을 알 수 있습니다.

이와 같은 업무 자동화 소프트웨어의 대표 기술이 RPA^{Robotic Process Automation}입니다. 내가 해야만 하는 업무 중 규칙이 명확하고, 반복되는 작업이 있다면 RPA 전용 프로그램을 활용하여 자동화할 수 있습니다. 잘 만든 자동화 로봇은 내가 쉬는 동안에도 쉬지 않고 업무를 수행해 주기 때문에 새로운 형태의 믿음직한 직장 동료를 얻었다고 볼 수 있겠습니다.

이 책은 대표적인 RPA 전용 프로그램인 UiPath를 활용하여 누구나 자신의 업무를 자동화할 수 있도록 실무 밀착형 예제 위주로 담았습니다. 책으로 부족한 부분은 영상으로 따라 해 볼 수 있게 자세한 동영상 강의도 함께 제작하였습니다. UiPath 실전 기술을 익히고, 내 업무를 직접 자동화해 보는 짜릿한 경험을 느껴 보시길 바랍니다.

잔마왕(이주석) 드림

업무 효율을 높이는 다양한 자동화 정보를 얻으시려면
잔마왕의 Youtube 채널을 방문해 보세요.

▶ **업무의 잔머리**
https://www.youtube.com/@TricksOffice

이 책은 UiPath StudioX의 기본 구성을 익히고, 여러분 업무에 UiPath StudioX를 즉시 활용할 수 있는 다양한 실전 예제를 소개합니다.

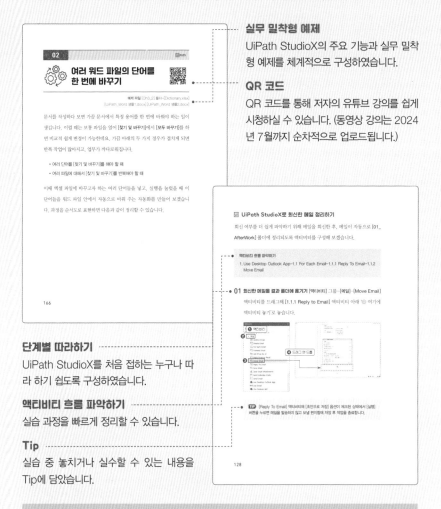

실무 밀착형 예제
UiPath StudioX의 주요 기능과 실무 밀착형 예제를 체계적으로 구성하였습니다.

QR 코드
QR 코드를 통해 저자의 유튜브 강의를 쉽게 시청하실 수 있습니다. (동영상 강의는 2024년 7월까지 순차적으로 업로드됩니다.)

단계별 따라하기
UiPath StudioX를 처음 접하는 누구나 따라 하기 쉽도록 구성하였습니다.

액티비티 흐름 파악하기
실습 과정을 빠르게 정리할 수 있습니다.

Tip
실습 중 놓치거나 실수할 수 있는 내용을 Tip에 담았습니다.

예제 파일 제공 실습을 위한 예제 파일은 https://bit.ly/book_jpub에서 도서명으로 검색한 후 다운로드할 수 있습니다.

1장

RPA와
UiPath
StudioX

나를 위한 자동화 로봇, RPA 이해하기

RPA, 들어 보신 적 있으신가요? 아마도 많은 분들께 생소한 용어일 것이라 생각합니다. 그렇다면 매크로라는 용어는 어떤가요?

RPA의 개념 파악하기

매크로는 시간을 투자해서 레벨을 올려야 하는 RPG 게임에서 종종 활용되는 기술입니다. 사용자가 직접 캐릭터를 조종하지 않더라도 매크로를 실행하면 자동으로 컴퓨터가 캐릭터를 조종해 레벨을 올려 줍니다.

직접 플레이하는 사용자의 입장에서는 매크로를 이용하는 사용자가 썩 달갑지만은 않습니다. 불로소득처럼 보이니 말이죠(손 하나 까딱하지 않고 레벨을 올리니, 실제로 불로소득이 맞죠). 이와 같은 불합리한 면 때문에 매크로는 게임 회사 입장에서도, 게임을 즐기는 다른 사용자 입장에서도 반기지 않는 프로그램이라고 할 수 있습니다.

매크로가 비록 게임에서는 따가운 눈총을 받을 수 있는 프로그램이지만, 직장 업무에 사용된다면 어떨까요? 그것도 다른 사람이 아닌 나를 위해서, 내가 해야 할 일을 대신해 준다면 복도 이런 복이 없을 겁니다. 24시간, 365일, 잠도 안 자고 오로지 나만을 위해 일을 해 준다니 말이죠.

나를 위한 자동화 로봇 RPA가 바로 이런 기술입니다. 매크로처럼 나 대신 무 엇인가를 해 주는데, 그것이 게임이 아니라, 나의 업무인 것입니다. 쉽게 말 해 내 업무를 자동으로 처리해 주는 '업무 매크로'라고 할 수 있겠습니다. 게 임에서 매크로를 사용해 단순 사냥을 반복하고, 레벨을 높이는 것처럼 내 업 무 중 단순하게 반복되는 일을 컴퓨터가 자동으로 실행하게 해 주는 것, 이것 이 바로 RPA의 본질이라고 할 수 있습니다.

RPA의 정의 RPA는 Robotic Process Automation의 약어로, 문자 그 대로 해석하면 '로봇을 활용한 업무 프로세스 자동화'입니다. 흔히 로봇과 자 동화라는 단어를 들으면 공장에서 무거운 물건을 척척 옮기는 '물리 로봇'을 생각하기 쉽습니다. 하지만 우리가 앞으로 다룰 RPA에서의 로봇은 그와 같 은 물리 로봇이 아닌, '소프트웨어 로봇'을 의미합니다. 엄밀히 따지면 로봇보 다는 소프트웨어가 더 어울리는 영역일지도 모르겠네요.

[Ui] RPA를 구현하는 방법

RPA를 구현할 때는 모든 기능을 하나하나 직접 구현하는 방법과 RPA 전용 프로그램을 활용하는 방법을 선택할 수 있습니다.

RPA 직접 구현하기 먼저, 모든 기능을 직접 구현한다면 VBA[Visual Basic for Applications]나 파이썬[Python]과 같은 컴퓨터 프로그램을 활용합니다. 구현할 수 있 는 기능이 무궁무진하고, 강력한 기능을 구현할 수 있습니다. 개인이나 기업 용도로 활용할 수 있고, 추가 비용이 발생하지 않는다는 장점도 있고요. 하지 만 컴퓨터 프로그래밍 언어를 익혀야만 하고, 구현하고자 하는 모든 기능을 직접 설계해야 하기 때문에 어렵고, 시간도 많이 걸립니다.

RPA 전용 프로그램 활용하기 RPA 전용 프로그램을 활용한다면 누구나 쉽고 빠르게 RPA를 구현할 수 있습니다. 대부분의 RPA 전용 프로그램은 사용자의 편의성을 고려하여 그래픽 기반의 사용 환경을 제공하고 있어서 직관적이고 익히기도 쉽습니다. 물론 사용법을 익혀야 하기 때문에 진입 장벽이 없다고는 할 수 없지만, 컴퓨터 프로그래밍 언어를 익히는 어려움에 비교할 바는 아닙니다. 그러므로 RPA 전용 프로그램을 활용한다면 누구나 나를 위한 간단한 업무 매크로를 만들 수 있습니다.

RPA는 5년 이내에 회사 업무의 패러다임을 바꾸리라 생각됩니다. 마치 엑셀이 부모 세대의 업무 환경을 완전히 바꿔 놓은 것처럼 말이죠. 오늘날 엑셀 활용 능력이 업무 능력을 평가하는 중요한 바로미터 중 하나로 쓰이는 것처럼, RPA 활용 능력이 여러분의 업무 능력을 평가하는 바로미터 역할을 할 날 또한 머지않았다고 생각합니다.

변화하는 업무 환경 속에서 생존을 위해 RPA를 이해하고 온전하게 여러분의 것으로 만드는 것, 이제는 선택이 아니라 필수라고 할 수 있겠습니다.

누구나 사용할 수 있는 RPA 전용 프로그램, UiPath

현재 사용되고 있는 RPA 전용 프로그램은 제법 다양합니다. 이 책에서는 여러 RPA 전용 프로그램 중에서도 UiPath의 UiPath StudioX를 활용하고자 합니다.

ⓤ RPA 전용 프로그램을 제공하는 대표적인 기업들

본격적으로 UiPath StudioX를 사용해 보기에 앞서 어떤 이유에서 이 프로그램을 선택했는지 설명하는 것이 먼저겠죠? 다음 차트를 살펴보겠습니다.

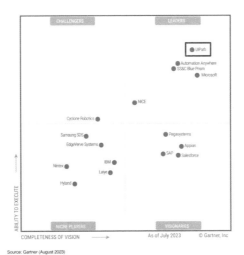

▲ RPA 분야 시장 동향 분석 자료(출처: UiPath 홈페이지)

이 차트는 미국의 유명 정보 기술 연구 자문회사인 가트너[Gatner]에서 2023년 8월 발표한 RPA 분야 시장 동향 분석 자료입니다. 우측 상단 'LEADERS' 영역에 표시된 기업들이 향후 RPA 시장을 선도할 회사들이며, 그중에서도 UiPath가 가장 높은 위치를 차지하고 있는 것을 볼 수 있습니다.

한마디로 업계 1위인 것이죠. 그 뒤를 따르고 있는 경쟁사로는 Automation Anywhere, Blue Prism, Microsoft가 있습니다. UiPath를 포함하여 'LEADERS' 영역에 있는 기업이 서비스하는 RPA 전용 프로그램의 특징은 다음과 같이 정리해 볼 수 있습니다.

기업명	특징
UiPath	전문 개발자용(UiPath Studio)과 일반 사용자용(UiPath StudioX)을 별도로 제공하며, 기능의 차이가 있다.
Blue Prism	IT 전문가용(Object Studio)과 업무 전문가용(Process Studio)을 별도로 제공한다. 활용 목적에 따라 약간의 기능 차이가 있다.
Automation Anywhere	100% 웹 기반으로 운영된다.
Microsoft	Power Automate Desktop과 MS의 협업 도구인 Teams에 설치하는 Power Automate로 구분된다.

UiPath https://www.uipath.com/ko UiPath는 기능에 따라 전문 개발자용과 일반 사용자용으로 나누어집니다. 두 버전 모두 컴퓨터에 설치하여 사용하는 구조로 누구나 쉽게 시작할 수 있습니다. 특히 일반 사용자용은 코딩 한 줄 몰라도 누구나 쉽게 익힐 수 있다는 장점이 있습니다.

Blue Prism https://www.blueprism.com/ko/ Blue Prism은 분업과 협업에 매우 특화되어 있습니다. 특히 IT 지식이 부족한 사용자도 활용할 수 있는 업무 전문가용 서비스를 제공합니다. 기업 차원에서 Blue Prism을 도입한다면 팀별로 업무를 명확히 나누어 협업 체계를 구축할 수 있기 때문에 좋은 선택이 될 것입니다. 반면, 개인이 사용해 보고 익히기에는 까다로운 면이 있습니다.

Automation Anywhere https://www.automationanywhere.com/kr Automation Anywhere는 100% 웹 기반의 서비스를 제공하고 있습니다. 웹 기반 서비스는 사용자에 따라서 호불호가 있는 편입니다. 아직은 웹에서 많은 기능을 구현하기 불편합니다.

Power Automate https://powerautomate.microsoft.com/ko-kr Power Automate는 Microsoft에서 제공하는 RPA 전용 프로그램으로 Power Automate와 Power Automate Desktop으로 구분되어 있습니다. Power Automate는 MS Teams 내부에서만 운영되기 때문에 MS Teams를 사용하지 않는 개인 사용자라면 사용할 기회를 얻을 수 없습니다.

Power Automate

말씀드린 4가지 툴 중 어떤 프로그램을 활용해도 RPA를 익히고 활용하는 데 무리는 없습니다. 하지만 일반 사용자 입장에서 사용하기 쉬운 프로그램은 UiPath입니다. 그리고 기왕 배운다면 시장점유율이 가장 높은, 업계를 대표하는 프로그램을 사용하는 것이 유용할 것입니다.

UI UiPath Studio와 UiPath StudioX의 차이

UiPath의 RPA 전용 프로그램은 전문 개발자용인 UiPath Studio와 일반 사용자용인 UiPath StudioX 2가지 버전이 있습니다. 2021년경에는 UiPath Studio Pro 버전도 있었으나, 현재는 UiPath Studio로 통합되었습니다.

전문 개발자용인 UiPath Studio는 UiPath StudioX에 비해서 할 수 있는 일도 많고, 기능도 강력합니다만 사용하기가 까다롭습니다. 명령 하나를 내리더라도 옵션을 상세하게 설정해야 하기 때문입니다. 그에 비해 UiPath StudioX는 옵션의 기본값이 잘 설정되어 있고 업무에 필요한 필수 기능을 모두 포함하고 있기 때문에 큰 어려움 없이 활용할 수 있습니다.

이 책을 보고 있는 여러분은 실무에 활용하기 위해 RPA를 배우는 일반적인 직장인일 겁니다. 그러므로 누구나 활용할 수 있도록 난이도가 높지 않으면서도 필요한 최소한의 기능을 충분히 구현할 수 있는 UiPath StudioX를 사용해 나만의 RPA를 만들어 보겠습니다.

> **TIP** RPA는 IT 기술이면서 동시에 업무 기술입니다. 그래서 일반적으로 RPA를 도입하기 위해서는 RPA 기술을 개발, 적용할 수 있는 IT 전문가와 자동화할 업무를 잘 이해하고 있는 업무 전문가가 필요합니다. 하지만 이 두 전문가의 협업은 상당히 어렵습니다. 자신의 업무는 잘 이해하고 있을지 몰라도, 서로의 업무에 대한 지식은 부족하기 때문입니다. 이 간격을 극복하기 위해 UiPath는 RPA 개발 난이도를 극단적으로 낮춘 UiPath StudioX를 개발하였습니다.

03

UiPath StudioX
설치 및 기본 구성 살펴보기

UiPath StudioX를 설치하고, 기본 구성을 살펴보겠습니다.

🆄 UiPath StudioX 설치하기

우선 UiPath StudioX를 설치해 보겠습니다.

01 홈페이지 접속하기 UiPath는 한글 홈페이지를 지원합니다. UiPath 홈페이지(https://www.uipath.com/ko)에서 화면을 밑으로 내려 [Plans and Pricing] 버튼을 클릭합니다.

02 Plans and Pricing 페이지로 넘어가면 버전별 특징을 확인해 볼 수 있습니다. [Start Free] 버튼을 클릭합니다.

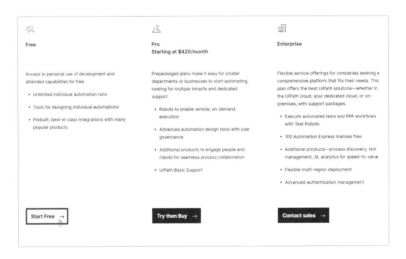

03 로그인 하기 이메일과 암호를 등록하면, 오른쪽과 같은 계정 생성 화면
이 나타납니다. 이름(Full Name)과 국가(Country/Region), 회사
명(Business/Organization Name), 직책(Job Title)을 입력하
고 [Next] 버튼을 클릭합니다.

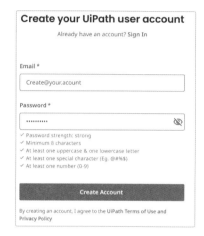

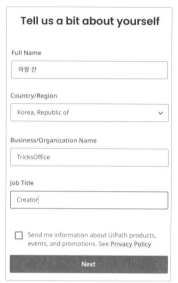

04 다음으로 Cloud 환경에 등록할 조직명(Cloud Organization Name)을 입력하는 화면이 나옵니다. 조직명을 넣고 [Create Organization] 버튼을 클릭합니다.

> **TIP** 개인 사용자의 경우 앞으로 다른 구성원을 초대, 협업할 수 있는 작업 공간으로 사용할 이름을 입력하시면 됩니다.

05 UiPath Automation Cloud 페이지 우측 상단의 [Download Studio] 버튼을 클릭하고, 설치 파일을 실행합니다.

06 설치하기 'UiPath 설정을 시작합니다!' 대화상자의 **[빠르게(커뮤니티 사용**
자에게 권장)] 옵션을 선택하고, 라이선스 계약 동의에 체크한 후 **[설치]** 버
튼을 클릭합니다. 설치가 완료되면 **[UiPath Studio 시작]** 버튼을 클릭합
니다.

07 처음 UiPath StudioX를 실행하여 '로그인하여 시작하기' 메시지가 나
타나면 **[로그인]** 버튼을 클릭합니다.

08 'UiPath을(를) 여시겠습니까?' 대화상자에서 **[UiPath 열기]** 버튼을 클릭

해 UiPath StudioX 설치를 완료합니다.

> **TIP** 'StudioX 시작' 대화상자에서 '자습서' 혹은 '아카데미'를 클릭하면 UiPath 자
> 습서 사이트(https://docs.uipath.com/)와 아카데미(https://academy.uipath.
> com/) 사이트를 확인할 수 있습니다.

▲ UiPath Documentation   ▲ UiPath Academy

09 **확장 프로그램 설치하기** 확장 프로그램 팝업 창이 열리면 확장 프로그램

을 설치하세요.

10 만약 팝업 창에서 확장 프로그램 설치를 진행하지 않았거나, 실수로 확장 프로그램을 삭제했다면 UiPath StudioX를 실행한 후 첫 화면 왼쪽 [도구] 패널-[UiPath Extension]에서 확장 프로그램을 설치할 수 있습니다.

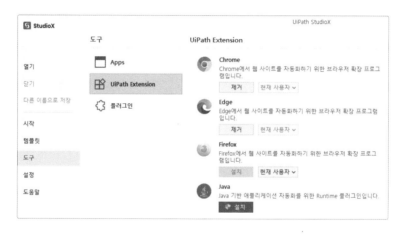

기본 구성 살펴보기

UiPath에서 제공하는 화면 구성 가이드와 함께 UiPath StudioX의 기본 구성을 알아봅시다.

01 **화면 구성 가이드 시작하기** UiPath StudioX를 실행하고, '여기에서 여정을 시작하십시오.' 대화상자의 [시작] 버튼을 클릭합니다. 'Add Excel Range to New Sheet In Google Sheet' 대화상자가 나타나면 아래 Tip을 확인한 후, [만들기] 버튼을 클릭합니다.

TIP [시작] 버튼을 누르면 'Add Excel Range to New Sheet In Google Sheet' 대화상자에서 생성될 태스크의 이름과 설명을 입력할 수 있습니다. 아울러 [고급 옵션 표시]를 클릭하면 태스크를 저장할 위치를 선택할 수 있습니다.

02 '사용자 지정 가능한 필드 소개' 대화상자에서 [**계속**] 버튼을 클릭합니다.
그리고 우측 하단에 '자동화하기 전에 살펴보겠습니다.' 팝업 창의 [**빠른
둘러보기**] 옵션을 선택한 후 [**시작**] 버튼을 클릭합니다.

03 **디자이너 패널** 디자이너 패널은 자동화를 구현하기 위한 공간입니다.
'액티비티'를 디자이너 패널로 가져와 추가 정보를 입력하면, 배치된 액
티비티들이 순서대로 동작하며 여러분이 원하는 자동화를 완성할 수 있
습니다.

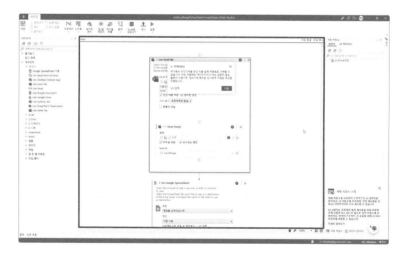

04 액티비티 패널 액티비티 패널에는 UiPath StudioX에서 실행할 수 있는 모든 액티비티들이 나열되어 있습니다. 필요한 액티비티를 디자이너 패널에 **[드래그 앤 드롭]**하여 자동화를 구현할 수 있습니다.

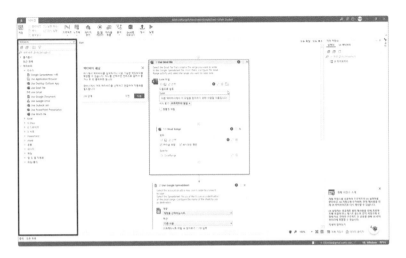

TIP 왼쪽 액티비티 패널의 [액티비티] 그룹–[리소스] 옵션을 펼치면 사용할 수 있는 액티비티 목록이 표시됩니다. 전용 브라우저, 엑셀, Gmail, MS 아웃룩, 파워포인트, 워드 등에서 활용할 수 있는 전용 액티비티가 있습니다.

05 명령 팔레트 명령 팔레트는 디자이너 패널에 액티비티를 직접 추가하는 방법입니다. ⊕ 버튼을 클릭하거나 Ctrl + Shift + T 를 누르면 액티비티 리스트를 확인할 수 있습니다.

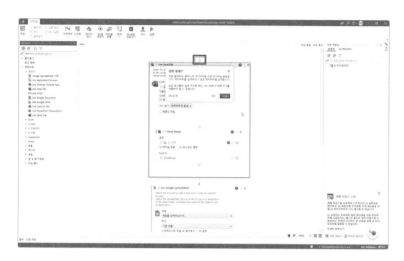

TIP UiPath StudioX에서 액티비티를 배치하는 방법은 2가지입니다. 우선 가장 많이 활용하는 방법은 좌측의 액티비티 패널에서 원하는 액티비티를 선택, 디자이너 패널에 [드래그 앤 드롭]하는 방법입니다. 그리고 두 번째 방법은 ⊕ 버튼을 클릭하거나 Ctrl + Shift + T 를 눌러 명령 팔레트를 사용하는 방법입니다.

06 데이터 관리자 패널 데이터 관리자 패널은 UiPath StudioX에서 자주 다루거나, 기억해야 하는 변수 및 인수, 엑셀 리소스 파일에 대한 정보가 표시됩니다.

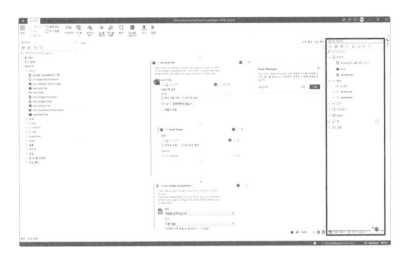

07 리본 패널 리본 패널에는 UiPath StudioX에서 자주 사용하는 기능이 모여 있습니다.

08 홈 탭 리본 메뉴 위에 있는 홈 탭은 [홈] 버튼과 [디자인] 버튼으로 구성되어 있습니다. 기본 구성을 모두 확인하였다면 **[확인했습니다]** 버튼을 클릭해 화면 구성 가이드를 마칩니다.

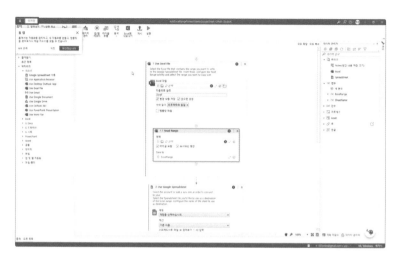

09 우측 하단 '이제는 익숙해졌으니 자동화를 빌드해 보겠습니다.' 대화상자를 닫습니다.

> **TIP** 튜토리얼은 2단계부터 불친절하고, 주어진 템플릿과도 잘 맞지 않기 때문에 오히려 이해하기 어려운 면이 있습니다. '다음에 튜토리얼 표시'에 체크하시면 튜토리얼을 다시 볼 수 있습니다.

10 리본 패널의 왼쪽에 있는 [**저장**] 버튼을 클릭해 파일을 저장합니다.

04

UiPath StudioX의 핵심,
액티비티 파악하기

예제 파일 [Ch1_4 폴더]-[매출액샘플.xlsx]

UiPath StudioX의 핵심 요소인 액티비티를 파악해 보겠습니다. 템플릿 파일의 디자이너 패널을 확인하고, 액티비티 내 오류들을 직접 해결하면 UiPath StudioX와 조금 더 가까워질 수 있을 것입니다.

시작 화면에서 앞서 저장한 [AddExcelRangeToNewSheetInGoogleSheet] 프로젝트를 찾아 [더블 클릭]합니다.

TIP 앞선 예제에서 홈 탭의 [홈] 버튼을 눌러도 시작 화면으로 넘어갈 수 있습니다.

Ui 디자이너 패널 살펴보기

디자이너 패널을 보면 [1. Use Excel File] 액티비티와 [2. Use Google Spreadsheet] 액티비티를 확인할 수 있습니다.

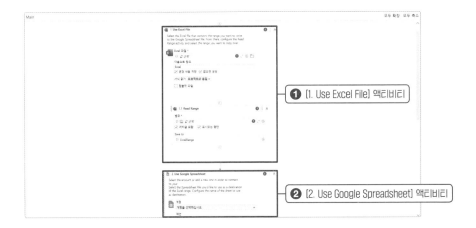

❶ [1. Use Excel File] 액티비티

❷ [2. Use Google Spreadsheet] 액티비티

각각의 메인 액티비티를 살펴보면 여러 세부 액티비티가 포함된 것을 볼 수 있습니다. 배치되어 있는 액티비티 순서대로 동작이 이루어지는 것입니다. 액티비티의 의미는 다음의 표와 같습니다.

메인	1. Use Excel File	→	1. 엑셀 파일에서
세부	1.1 Read Range	→	1.1 [매출액샘플.xlsx] 파일 값을 읽어 온다.

▼

메인	2. Use Google Spreadsheet	→	2. Google Spreadsheet에서
세부	2.1 Save For Later	→	2.1 최신 버전을 저장하고
	2.2 Add New Sheet	→	2.2 새로운 시트를 추가하고
	2.3 Write Range	→	2.3 [매출액샘플.xlsx] 파일의 값을 작성한다.

> **TIP** 설명에서는 메인 액티비티와 세부 액티비티로 표현했지만, 조금 더 정확하게는 부모 액티비티와 자식 액티비티라고 표현하는 것이 맞습니다.

Ui 액티비티 오류 해결하기

템플릿 내 액티비티 오류를 해결하고, 자동화를 실행해 보겠습니다.

액티비티 흐름 파악하기

1. Use Excel File–1.1 Read Range
2. Use Google Spreadsheet–2.1 Save For Later–2.2 Add New Sheet–2.3 Write Range

[1. Use Excel File] 액티비티 오류 해결하기

우선 액티비티 내 옵션 값을 입력해 보겠습니다.

01 리본 메뉴에 있는 [실행] 버튼을 클릭하면 화면 아래 출력 창에 오류 목록이 뜨고, 자동화가 실행되지 않는 것을 확인할 수 있습니다.

02 액티비티의 우측 상단 느낌표 **❶** 로도 오류를 찾을 수 있습니다. 이 느낌 표는 해당 액티비티에서 오류가 발생할 수 있음을 뜻하는데, 느낌표 위에 마우스 커서를 올리면 왜 오류가 발생하는지 알 수 있습니다.

03 [Excel 파일] 옵션 '값 선택'이라 쓰여진 박스 오른쪽에 [파일 탐색] 버튼을 클릭하고, 'Excel 문서 선택' 대화상자가 나타나면 다운로드한 [매출액 샘플.xlsx] 파일을 찾아 [열기] 버튼을 클릭합니다.

04 [1. Use Excel File] 액티비티의 [Excel 파일] 옵션에 파일 경로가 입력되면 빨간색 느낌표가 사라지고, 노란색 경고 표시 ⚠ 로 변경되는 것을 볼 수 있습니다.

> **TIP** UiPath StudioX로 작업하다 보면 빨간색 느낌표와 노란색 경고 표시가 나타나곤 합니다. 빨간색 느낌표는 '오류'로 실행할 수 없다는 의미입니다. 노란색 느낌표는 '경고'로 실행은 가능하지만, 비정상적으로 동작할 가능성이 있으니 한 번 더 살펴보라는 의미입니다.

05 [1.1 Read Range] 액티비티 [범위] 옵션에 '값 선택' 박스 오른쪽 ⊕ 버튼을 클릭하고 [Excel]−[Sheet1 [시트]]를 클릭합니다.

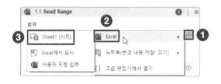

> **TIP** [범위] 옵션에서 선택한 [Excel]은 직전 [1. Use Excel File] 액티비티 [Excel 파일] 옵션에서 선택한 [매출액샘플.xlsx] 파일을 의미합니다.

06 [1. Use Excel File] 액티비티 [**다음으로 참조**] 옵션의 'Excel'을 'Sample Excel'로 수정합니다. 변경 후 다시 [1.1 Read Range] 액티비티 [**범위**] 옵션에 ⊕ 버튼을 클릭하면, [Excel]이었던 옵션이 [SampleExcel]로 바뀐 것을 확인할 수 있습니다. [SampleExcel]–[Sheet1[**시트**]]를 클릭합니다.

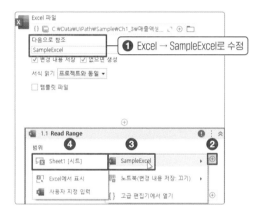

TIP 이처럼 [다음으로 참조] 옵션에서 'SampleExcel'로 명칭을 바꾸면 우측 데이터 관리자 패널 [리소스] 그룹에 바꾼 이름이 반영되는 것을 볼 수 있습니다.

07 [1. Use Excel File] 액티비티의 오류 표시가 모두 사라졌습니다.

TIP [1.1 Read Range] 액티비티의 [범위] 옵션 밑에 [Save to] 옵션은 동작의 결과로 선택한 '[SampleExcel] Sheet1'의 값을 저장한다는 의미입니다. 기본 템플릿에서는 'ExcelRange'라는 이름으로 저장되어 있는데, 이는 변수 'ExcelRange'를 따로 만들고, 그 변수에 값을 저장한다는 의미가 됩니다. 만들어진 변수에 대한 정보는 데이터 관리자 패널의 [변수] 그룹에서 확인이 가능합니다.

[2. Use Google Spreadsheet] 액티비티 오류 해결하기

UiPath StudioX에 Google 계정을 등록해 보겠습니다.

01 [2. Use Google Spreadsheet] 액티비티 **[계정]** 옵션의 '계정을 선택하십시오.' 박스를 클릭하고, **[+ 새 계정 추가]**를 선택합니다. 'Google 계정 추가' 대화상자가 나오면 **[확인]** 버튼을 클릭합니다.

02 사용할 계정을 선택하고, **[Google Drive 파일 보기, 수정, 생성, 삭제]** 옵션에 체크한 후, **[계속]** 버튼을 클릭하면 Google 계정 등록이 완료됩니다.

03 계정을 등록한 후, [2. Use Google Spreadsheet] 액티비티 아래 [2.1 Save For Later] 액티비티의 빨간색 느낌표에 커서를 올리면 "필수 작업 인수 'Value'의 값이 제공되지 않았습니다."라는 메시지를 확인할 수 있습니다.

04 [2.1 Save For Later] 액티비티의 [저장할 값] 옵션 오른쪽 ⊕ 버튼–[텍스트]를 클릭합니다. '텍스트 빌더' 대화상자에 'UiPath Test'를 입력하고 [저장] 버튼을 클릭하면 [2.1 Save For Later] 액티비티 오류 표시는 모두 사라집니다.

> **TIP** '저장할 값' 옵션은 구글 드라이브에 저장할 구글 스프레드시트의 제목을 입력하는 옵션입니다.

05 메인 액티비티 [2. Use Google Spreadsheet] 액티비티의 느낌표에 커서를 올리면 "Spreadsheet file에 대한 값을 제공해야 합니다."라는 메시지를 확인할 수 있습니다.

06 우선 Google 드라이브(https://drive.google.com/)로 들어가 앞서서 [계정] 옵션에 등록한 Google 계정으로 로그인하고, Google 드라이브 시작 화면에서 [+ 신규]-[Google 스프레드시트]를 눌러 새 스프레드시트를 만듭니다.

07 '제목 없는 스프레드시트'를 클릭하여 제목을 'UiPath Test'로 수정합
니다.

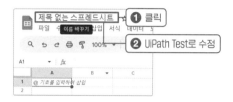

08 다시 UiPath StudioX로 돌아옵니다. [2. Use Google Spreadsheet]
액티비티 [**스프레드시트 파일**] 옵션에서 우측 폴더 모양의 [**시트 찾아보기**]
버튼을 클릭하면 등록한 Google 계정에 저장된 파일을 확인할 수 있
습니다. 방금 생성한 'UiPath Test' 스프레드시트를 선택하고 [**열기**] 버
튼을 클릭하면 액티비티의 느낌표가 모두 사라집니다.

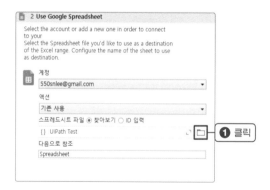

액티비티 실행하기

오류를 모두 해결하였다면 액티비티를 실행해 보겠습니다.

01 리본 패널의 [**실행**] 버튼을 클릭하면 잠시 엑셀이 실행되었다가 닫히는 등의 동작 후에 다시 UiPath StudioX 화면으로 돌아옵니다. 출력 창의 '오류 목록'을 눌렀을 때 "오류를 찾을 수 없습니다."라는 메시지가 나타나면 자동화가 정상적으로 작동한 것입니다.

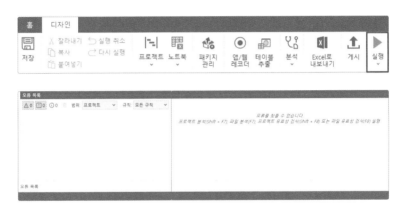

02 Google 스프레드시트에서 'UiPath Test' 스프레드시트를 열어 보면, 아래 시트 탭 목록 **[시트1]** 시트 옆에 **[UiPath Test]** 시트가 추가되어 있고, 이 시트에 정보가 자동으로 **[매출액샘플.xlsx]**의 내용이 입력되어 있는 것을 확인할 수 있습니다.

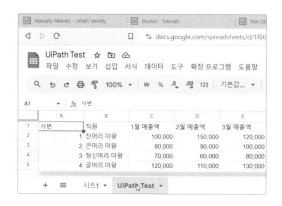

TIP 프로젝트를 저장한 폴더 경로를 찾아보면 템플릿 이름인 [Add Excel Range To New Sheet In Google Sheet] 폴더 안에 UiPath StudioX 실행에 필요한 여러 파일이 함께 들어 있는 것을 확인할 수 있습니다.

03 리본 패널의 왼쪽에 있는 **[저장]** 버튼을 클릭합니다.

이상으로 템플릿과 예제 파일을 활용해 UiPath StudioX로 직접 자동화를 구현해 보았습니다. 다음 장에서는 여러분 업무에 맞춰 자동화를 구현하기 위해 알아야 할 UiPath StudioX 기본기를 다뤄 보도록 하겠습니다.

TIP 프로젝트를 저장할 기본 폴더를 설정할 수 있습니다. 시작 화면에서 [설정]-[위치]-[기본 위치] 그룹에서 오른쪽 폴더 모양 아이콘을 클릭한 후 지정한 경로에 프로젝트가 저장됩니다.

Memo

2장

UiPath StudioX 기본기 다지기

코딩 대신 엑셀로
변수 구현하기

업무 자동화를 구현하다 보면 매번 변화하는 값을 다뤄야 할 때가 있습니다. 예를 들면 매일 작성하는 파일의 제목에 오늘의 날짜를 자동으로 입력, 저장하는 기능을 만든다고 할 경우 오늘의 날짜는 하나의 고정된 값이 아니고, 실행하는 날짜에 따라 다른 값이 입력되어야 하는 '변화하는 값'이라고 할 수 있습니다.

이와 같이 상황에 따라 변화하는 값을 '변수'라고 합니다. 이 변수라는 개념은 프로그래밍을 공부할 때 아주 중요한 개념입니다. 코딩을 활용하는 프로그래밍 작업 시 변수는 항상 활용되기 때문입니다.

UiPath StudioX는 기본적으로 코딩 없이 기능을 구현하는 'No Coding'을 지향하고 있습니다. 그래서 UiPath StudioX에서는 코딩에 익숙하지 않은 사용자를 위해 변수를 활용할 수 있는 기능을 제공하고 있습니다. 실습을 통해 UiPath StudioX에서 변수를 어떻게 구현하는지 알아보겠습니다.

TIP UiPath StudioX에서는 코딩으로 직접 변수를 다루는 기능도 물론 제공하고 있습니다. 하지만 엑셀을 이용한 사용법을 알아 두시면 여러모로 유용하게 사용할 수 있습니다.

Ui 변수를 구현하는 [Project_Notebook.xlsx] 파일

엑셀에서 변수를 구현하기에 앞서 우선 [Project_Notebook.xlsx] 파일을 열어 보겠습니다.

01 **[Project_Notebook.xlsx] 파일 열기** 새 태스크를 만들어 보겠습니다. 홈 화면에서 [새로 만들기]-[빈 태스크]를 누릅니다. '빈 태스크' 대화상자가 뜨면 [이름] 옵션에 '2_1VariableExcel', [위치] 옵션 경로 뒤에 'WCh 2'를 입력한 후 [만들기] 버튼을 누릅니다.

> **TIP** 경로 뒤에 'WCh 2'를 붙여 넣으면 [UiPath] 폴더에 [Ch 2] 폴더가 생성되고, [Ch 2] 폴더 안에는 [2_1VariableExcel] 폴더가 생성됩니다. [Ch 2] 폴더는 앞으로 2장의 모든 태스크를 저장할 폴더이니, [Ch 2] 폴더의 위치를 잘 설정하시길 바랍니다.

02 생성한 [2_1VariableExcel] 폴더에 UiPath StudioX의 기본적인 사용법이 적혀 있는 [Project_Notebook.xlsx] 파일을 찾을 수 있습니다. 파일을 열어 보겠습니다.

> **TIP** 위 방법 외에도 UiPath StudioX 리본 패널의 [노트북] 버튼을 클릭하면 [Project_Notebook.xlsx] 파일을 실행할 수 있습니다.

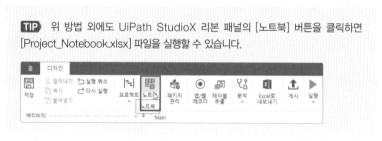

03 엑셀 파일 하단 시트 탭의 [Date] 시트, [Text] 시트, [Number] 시트, [File] 시트는 여러분이 앞으로 자동화 기능을 구현할 때 변수로 자주 활용하는 값들을 쉽게 입력할 수 있도록 모아 놓은 것입니다.

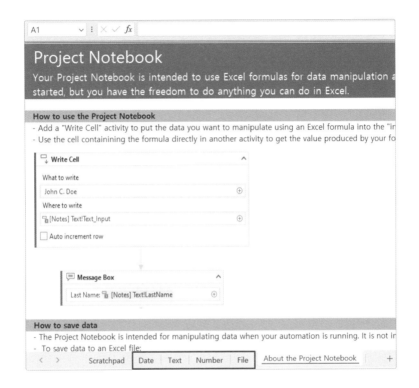

04 설정된 이름 확인하기 UiPath StudioX에서는 엑셀 '이름 상자'에서
설정한 이름을 변수로 활용하기 때문에 엑셀 왼쪽 위의 이름 상자를 확
인하는 것이 중요합니다. 이름 상자 오른쪽 ☑ 버튼을 클릭해 엑셀 파일
에 지정된 이름을 한눈에 볼 수 있습니다.

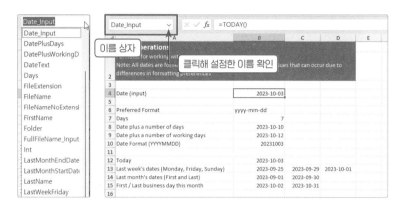

05 이름 상자 목록에서 'DatePlusDays'를 선택합니다. 그러면 **[B8]** 셀
이 선택되고, 위의 수식입력줄에서 **[B8]** 셀에 입력된 수식(=TEXT
(Date_Input+Days, Preferred_date_format))을 확인할 수 있
습니다.

TIP [B8] 셀에 입력된 수식
은 'Date_Input으로 설정된
날짜([B4] 셀)에 Days로 설정
된 일수([B7] 셀)를 더한 값이
Peffered_date_format에서
지정한 스타일([B6] 셀)로 자동
으로 정리되어 들어간다'는 의미
입니다.

06 셀을 클릭해 설정된 이름을 확인해 볼 수도 있습니다. 이름이 설정되어 있는 셀은 이름 상자에 설정된 이름이 나타나고, 이름이 설정되어 있지 않은 셀은 이름 상자에 셀 주소가 표시됩니다.

TIP 각 시트의 [B4] 셀에 다른 날짜, 이름, 숫자를 입력하면 해당 시트 안에 있는 셀의 값들이 자동으로 변경됩니다.

[Ui] 변수 활용하기 1

엑셀 파일에 있는 변숫값을 Message Box를 통해 출력해 보겠습니다.

Message Box 실행하기

[Project_Notebook.xlsx] 파일을 실행하면 Message Box가 자동으로 나타나도록 액티비티를 배치해 보겠습니다.

액티비티 흐름 파악하기

1. Message Box

01 액티비티를 배치해 보겠습니다. UiPath StudioX에서 가장 중요한 과
정입니다. 액티비티 패널의 ⊡ 버튼을 누르면 액티비티 목록이 아래 나
타납니다. **[액티비티]** 그룹에서 **[공통]** 옵션을 찾아 ⊡ 버튼을 누르고 **[공
통]** 옵션에서 [Message Box] 액티비티를 드래그하여 디자이너 패널 '⊕
여기에 액티비티 놓기'에 놓습니다.

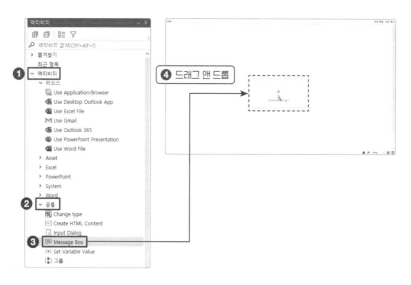

> **TIP** [Message Box] 액티비티는 원하는 메시지를 대화상자 형식으로 띄우는 액티
> 비티입니다.

02 [텍스트] 옵션 오른쪽에 ⊕ 버튼을 클릭하고 [**노트북(변경 내용 저장: 끄기)**]−

[Date [시트]]−[Date_Input [셀]]을 차례대로 클릭합니다.

> **TIP** 위의 과정에서 [Date_Input [셀]]은 [Project_Notebook.xlsx] 파일의
> [Date] 시트 [B4] 셀을 의미합니다. 셀을 누르면 이름 상자에 'Date_Input'이 이름으
> 로 설정되어 있는 것을 볼 수 있습니다. 이는 Message Box가 해당 셀의 내용을 출력
> 한다는 의미입니다.

03 리본 패널의 [**실행**] 버튼을 클릭하면 [Project_Notebook.xlsx] 파일

이 실행되며 Message Box가 나타납니다. 메시지에는 엑셀 파일의

'Date_Input[셀]'에 지정된 날짜가 표시됩니다.

04 'Message Box' 대화상자의 [확인] 버튼을 클릭하면 열렸던 엑셀 파일이 닫히고, UiPath StudioX가 나타납니다. 아래 출력 창에 "2_1VariableExcel 실행이 종료되었습니다."라는 메시지가 뜨면 오류 없이 정상적으로 작동된 것입니다.

Message Box에 원하는 문구 넣기

이번에는 [1. Message Box] 액티비티를 활용해 Message Box에 내가 원하는 문구를 출력하는 액티비티를 구성해 보겠습니다.

액티비티 흐름 파악하기
1. Write Cell
2. Message Box

01 액티비티 패널의 **[액티비티]** 그룹-[Excel] 옵션-**[셀]** 옵션-[Write Cell] 액티비티를 드래그하여 1. Message Box 위 ⊕에 놓습니다. [1. Write Cell] 액티비티의 옵션을 입력해 보겠습니다.

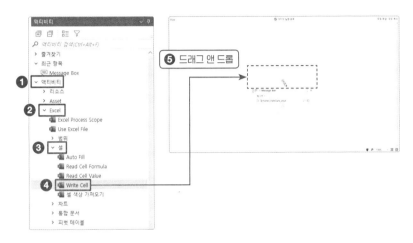

02 **[쓰는 내용]** 옵션 오른쪽 ⊕ 버튼을 클릭하고 **[텍스트]**를 클릭하면 나타나는 '텍스트 빌더' 대화상자에 '2023-11-11'을 입력한 다음 **[저장]** 버튼을 클릭하겠습니다.

03 [쓰는 위치] 옵션 오른쪽 ⊕ 버튼을 클릭하고 [**노트북(변경 내용 저장: 끄기)**]–
[Date [시트]]–[Date_Input [셀]]을 차례대로 선택한 후 [**실행**] 버튼을 클
릭합니다.

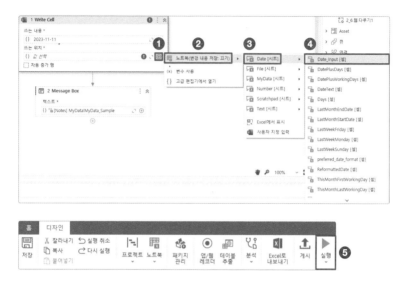

04 [Project_Notebook.xlsx] 파일이 자동으로 열리고 'Message Box'
대화상자가 나타납니다. 메시지에는 앞의 과정에서 [**쓰는 내용**] 옵션에
기입한 날짜가 표시됩니다.

ⓤ 변수 활용하기 2

[Project_Notebook.xlsx] 파일에서 직접 시트를 추가하고, 셀에 이름을 설정해 보겠습니다. 실습 후에는 여러분이 추가해 활용하고 싶은 변수를 맘껏 활용하실 수 있습니다.

나만의 변수 추가하기

[Project_Notebook.xlsx] 파일에 직접 나만의 변수를 추가할 수 있습니다. 이를 위해 새 시트를 추가하고, 해당하는 셀에 이름을 설정하겠습니다.

01 [Project_Notebook.xlsx] 파일을 열어 시트 탭 우측 끝에 있는 추가 버튼을 눌러 새로운 시트를 추가합니다. 추가된 시트를 선택한 상태에서 **[마우스 우클릭]–[이름 바꾸기]**를 선택하여 시트 이름을 'MyData'로 수정합니다.

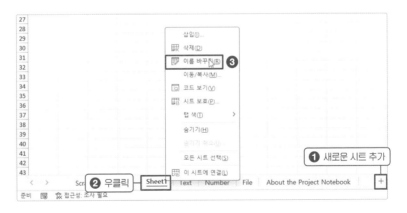

02 새로 만들어진 시트 내에 변수처럼 활용할 셀을 만들고 셀에 이름을 설정해 보겠습니다. [MyData] 시트의 [B2] 셀을 클릭한 상태에서 좌측 상단 이름 상자에 'MyData_Sample'을 입력하고 Enter를 누릅니다. 입력하였으면 Ctrl + S를 눌러 파일을 저장합니다.

추가한 변수를 Message Box에 입력하기

나만의 변수를 여러분 업무에 필요한 액티비티에 추가해 활용하실 수 있습니다. 이번 예제에서는 내가 직접 설정한 변숫값을 Message Box에 나타나게 만들어 보겠습니다.

액티비티 흐름 파악하기

1. Write Cell
2. Message Box

01 UiPath StudioX로 돌아와 시작 화면에서 [2_1VarialvleExcel] 프로젝트를 실행합니다.

02 액티비티에 입력한 값을 수정하겠습니다. [1. Write Cell] 액티비티에 [쓰는 내용] 옵션은 2023-11-11로 입력하고 [쓰는 위치] 옵션의 ⊕ 버튼-[노트북(변경 내용 저장: 끄기)]-[MyData_Sample [셀]]을 클릭합니다.

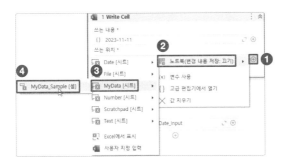

TIP [Project_Notebook.xlsx] 파일에 새로 추가한 [MyData [시트]]와 [MyData_Sample [셀]]이 추가되어 있는 것을 볼 수 있습니다.

03 아래 [2. Message Box] 액티비티에 [텍스트] 옵션의 [노트북(변경 내용 저장: 끄기)]-[MyData [시트]]-[MyData_Sample [셀]]을 선택하고 [실행] 버튼을 클릭합니다.

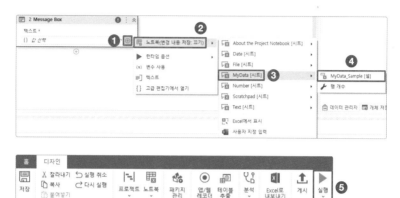

04 'Message Box' 대화상자와 [Project_Notebook.xlsx] 파일이 열립니다. [MyData] 시트의 [B2] 셀에 '2023-11-11'이 자동으로 입력되어 있는 것을 확인할 수 있습니다. 대화상자의 [확인] 버튼을 클릭합니다.

이와 같은 방식으로 UiPath StudioX에서는 엑셀을 활용하여 변수를 추가할 수 있습니다. 이를 잘 활용하면 셀에 수식을 걸어 수식을 변수처럼 활용할 수 있습니다.

조건문과 반복문을 활용한 빈틈없는 자동화 구현하기

컴퓨터에게 일을 시킬 때 장점은 다음과 같습니다.

- 빠르게 작업하고, 실수하지 않는다.
- 무한에 가까운 반복 작업도 지치지 않고 수행한다.

하지만 컴퓨터의 장점을 제대로 활용하기 위해서는 지시하기 전에 조건문과 반복문에 대한 이해가 있어야 합니다.

🆄 조건문과 반복문

조건문은 사용자가 미리 정의한 조건에 따라 어떤 조건에서는 A 작업을, 그 외의 다른 조건에서는 B 작업을 하게 하는 명령어로 컴퓨터의 판단하에 기존 동작에서 다른 형태의 동작으로 넘어가야 할 때 사용됩니다. 즉, 컴퓨터에게 일을 시켰을 때 실수를 판단하는 로직이 포함되는 명령어라고 보면 되겠습니다.

반복문은 어떤 조건 안에서 동작을 반복할 때 사용됩니다. 예를 들어 1부터 100까지 모든 숫자를 더해야 할 때, '1+2+3+4…' 같이 단순히 숫자를 하나씩 더하는 반복 작업에 사용할 수 있습니다.

조건문과 반복문은 컴퓨터 프로그래밍 영역에 있어서도 매우 중요합니다. 아무리 복잡한 기능을 구현한 프로그램이라 하더라도 그 내부 로직을 살펴보면 결국은 조건문과 반복문의 조합으로 구성되어 있기 때문입니다. 이번 장에서는 UiPath StudioX에서 활용할 수 있는 조건문과 반복문을 실습해 보겠습니다.

Ui 조건문과 반복문 실습하기

먼저 조건문을 사용해 볼 실습 예제를 만들어 보겠습니다. 실습 예제 작업 개요는 다음과 같습니다.

> **Message Box에 임의의 정수를 입력하면**
> - 값이 10보다 클 경우 "선택한 숫자는 10보다 큽니다."라는 알림을 띄웁니다.
> - 그렇지 않을 경우 "선택한 숫자는 10보다 작거나 같습니다."라는 알림을 띄웁니다.

조건문 구성하기

먼저 Message Box 액티비티에 입력할 조건을 만들어 보겠습니다.

> **액티비티 흐름 파악하기**
> 1. Input Dialog
> 2. Else If

01 실습을 위한 새 태스크를 만들겠습니다. 홈 화면에서 [새로 만들기]–[빈
태스크]를 클릭합니다. '빈 태스크' 대화상자의 [이름] 옵션에 '2_2 조건문
과 반복문'을 적고, [위치] 옵션에 'WCh 2'를 입력한 후 [만들기] 버튼을
클릭합니다.

02 [액티비티] 그룹-[공통] 옵션-[Input Dialog] 액티비티를 드래그해 디자이너 패널 '⊕ 여기에 액티비티 놓기'에 놓습니다.

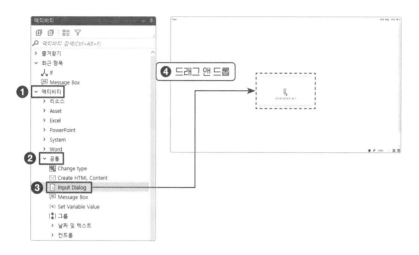

03 [대화상자 제목] 옵션에서 ⊕ 버튼-[텍스트] 클릭 후, '텍스트 빌더' 대화상자에 'IF 테스트'를 입력하고 [저장] 버튼을 클릭합니다.

04 [입력 레이블] 옵션에서 ⊕ 버튼–[텍스트] 클릭 후, '텍스트 빌더' 대화상자에 '임의의 정수를 입력해 주세요.'를 입력하고, [저장] 버튼을 클릭합니다.

05 [입력 형식] 옵션은 그대로 두고, [입력된 값] 옵션에서 ⊕ 버튼–[변수 만들기] 클릭 후, '변수 만들기' 대화상자의 [변수에 이름 지정] 옵션에 'IF_Test'를 입력하고 [확인] 버튼을 클릭합니다.

06 우측 데이터 관리자 패널 **[변수]** 그룹에 **[IF_Test]**–**[데이터 형식]** 옵션에서

[Int32]를 선택합니다.

07 **[액티비티]** 그룹–**[공통]** 옵션–**[컨트롤]** 옵션–**[Else If]** 액티비티를 드래그하

여 디자이너 패널 **[1. Input Dialog 액티비티]** 바로 아래의 ⊕에 놓습니다.

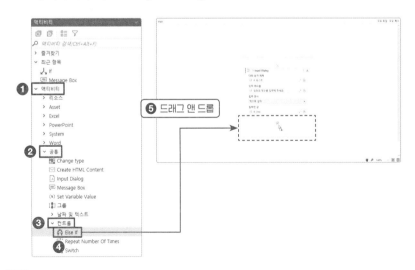

08 [2. Else If] 액티비티의 [조건] 옵션 오른쪽 ⊕ 버튼–[조건 빌더]를 클릭합니다.

09 [조건 빌더] 대화상자 왼쪽 박스에서 ⊕ 버튼을 클릭하고 [변수 사용]–[변수]–[IF_Test]를 클릭합니다.

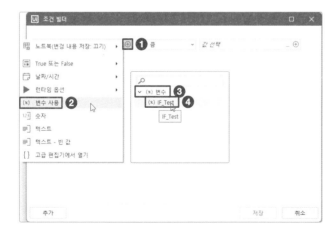

10 맨 오른쪽 박스의 ⊕ 버튼을 클릭하고 [숫자]를 클릭합니다.

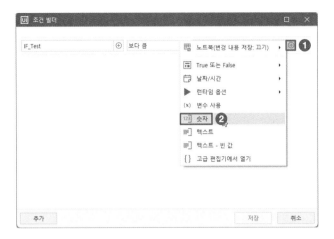

11 '숫자 계산' 대화상자에 '10'을 입력하고 [저장] 버튼을 클릭합니다.

12 마지막으로 가운데 있는 박스는 🔽 버튼을 눌러 항목에서 '보다 큼'으로 설정하고, **[저장]** 버튼을 클릭합니다.

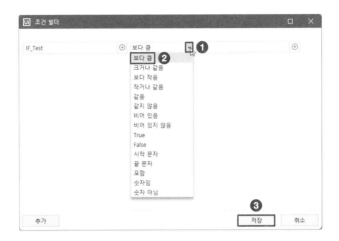

조건문을 활용한 Message Box 실행하기

여러분이 작성한 조건에 따라 Message Box에 특정 문구를 출력하도록 액티비티를 구성하겠습니다.

01 **[액티비티]** 그룹-**[공통]** 옵션-**[Message Box]** 액티비티를 드래그하여 **[2. Else If]** 액티비티 **[그리고]** 옵션 '⊕ 여기에 액티비티 놓기'에 놓습니다.

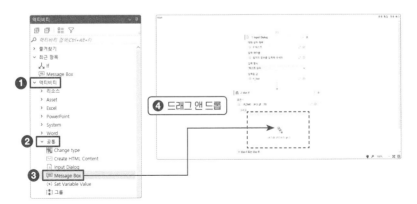

02 [Message Box] 액티비티 [텍스트] 옵션의 ⊕–[텍스트]를 클릭합니다. '텍
스트 빌더' 대화상자에 '입력하신 값은 10보다 큽니다.'를 입력하고 [저
장] 버튼을 클릭합니다.

03 텍스트를 저장한 후, [2. Else If] 액티비티 밑에 [Else If 또는 Else 추가]
버튼–[그 외]를 선택합니다.

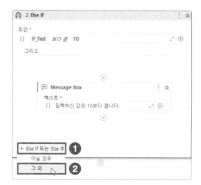

TIP [Else If 또는 Else 추가] 버튼에서 [아닐 경우]는 'Else If'를, [그 외]는 'Else'를 의미합니다. UiPath StudioX에서는 번역 문제로 인해 기능의 의미가 불명확한 경우가 있습니다. 이럴 때는 언어를 영어로 선택하면 보다 명확한 의미 파악이 가능합니다. 언어 설정은 시작 화면 왼쪽의 [설정]-[일반]-[언어]에서 변경 가능합니다.

이 책에서는 한글 버전의 UiPath StuidoX 내용을 다루지만, 실제 활용 시에는 가능하다면 영문으로 사용하는 것을 추천합니다.

04 [그 외]를 클릭하면 액티비티를 추가할 수 있는 칸이 생깁니다. [액티비티] 그룹-[공통] 옵션-[Message Box] 액티비티를 '⊕ 여기에 액티비티 놓기'에 드래그합니다.

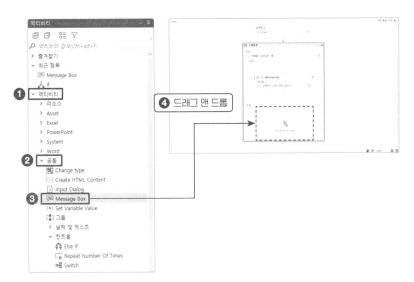

05 ⊕ 버튼–[**텍스트**]를 눌러 '텍스트 빌더' 대화상자에 '입력하신 값은 10보다 작거나 같습니다.'를 입력하고 [**저장**] 버튼을 클릭합니다.

06 [**실행**] 버튼을 클릭하면 'IF 테스트' 대화상자가 나타나고 '임의의 정수를 입력해 주세요.'라는 텍스트를 확인할 수 있습니다.

07 대화상자에 10보다 작거나 같은 값을 입력하면 '입력하신 값은 10보다 작거나 같습니다.'라는 문구가, 10보다 큰 값을 넣으면 '입력하신 값은 10보다 큽니다.' 라는 문구가 나오는 것을 확인할 수 있습니다.

반복문을 구성하고, Message Box 반복 실행하기

이번에는 반복문을 활용해 사용자가 임의의 정수를 3번 반복해 작성하도록
해보겠습니다.

01 [액티비티] 그룹–[공통] 옵션–[컨트롤] 옵션–[Repeat Number Of Times]
액티비티를 드래그해 [2. Else If] 액티비티 아래 ⊕에 놓겠습니다.

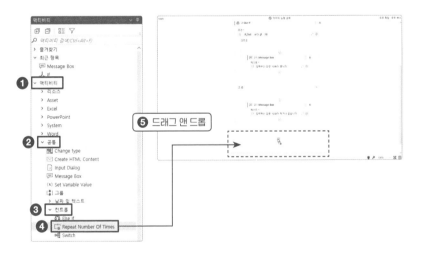

02 [3. Repeat Number Of Times] 액티비티의 **[반복 횟수]** 옵션에서 오른쪽
⊕ 버튼–**[숫자]**를 클릭하고 '숫자 계산' 대화상자에 '3'을 입력한 후 **[저장]**
버튼을 클릭합니다.

03 그리고 [1. Input Dialog] 액티비티와 [2. Else If] 액티비티의 **[축소]** ⊼
버튼을 클릭해 액티비티 창을 축소합니다.

04 Ctrl을 누른 상태로 축소한 두 액티비티를 클릭한 후, 드래그하여 [3. Repeat Number Of Times] 액티비티 내부 ⊕에 놓습니다.

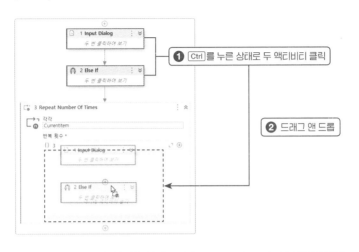

> **TIP** 드래그나 Ctrl을 누른 상태로 액티비티를 하나씩 클릭해 한 번에 여러 액티비티를 선택할 수 있습니다.

05 [실행] 버튼을 누르면 앞선 실습에서 임의의 정수를 입력하는 동작을 3회 반복하게 됩니다. 3회 반복이 완료되면 UiPath StudioX 화면으로 되돌아옵니다.

> **TIP** UiPath StudioX에서 반복문을 수행하는 액티비티는 예시에 사용된 [Repeat Number Of Times] 액티비티 이외에도 [For Each] 액티비티, [For Each Email] 액티비티, [For Each Row in Data Table] 액티비티, [For Each File in Folder] 액티비티가 있습니다.

03

폴더와 파일을 정리하는 자동화 구현하기

예제 파일 [Ch2_3] 폴더-[UiPathStudioX.pptx],
[UiPath Data 다루기.pptx], [UiPath 가격정책.pptx]

컴퓨터를 이용한 업무의 결과물은 파일로 생성되고, 이러한 파일을 잘 다루기 위해서는 폴더 관리가 우선입니다.

UiPath StudioX를 활용하여 업무를 자동화할 때도 마찬가지입니다. 자동화된 작업의 결과는 파일로 저장될 것이고, 이에 대한 관리를 체계적으로 하려면 폴더 관리는 필수 사항입니다. 특히 자동화 작업 중에는 여러 개의 파일을 한꺼번에 다루고, 결과를 여러 개의 파일로 동시에 저장해야 하는 경우가 자주 발생합니다. 그러므로 UiPath StudioX에서 폴더와 파일을 다루는 방법을 숙지하는 과정은 꼭 필요한 과정이라고 할 수 있습니다.

파일을 다른 폴더에 복사하기

이번 예제에서는 하나의 폴더를 지정해 폴더의 파일을 하나씩 읽은 후 결과를 저장할 폴더에 복사하는 과정을 구현해 보겠습니다. 이 실습은 향후 업무 자동화를 구현할 때 반복적으로 사용될 기초 기능입니다.

- 반복 작업의 대상 파일들을 하나의 폴더에 모은다.
- 폴더에 있는 파일을 하나씩 불러오는 반복 동작을 실행한다.
- 동작을 실행한 결과 파일은 결과 폴더에 저장한다.

액티비티 흐름 파악하기

1. For Each File in Folder —1.1 Copy File

01 **자동으로 복사할 파일 지정하기** 실습을 위해 [UiPath] 폴더에서 [마우스 우클릭]–[새로 만들기]–[폴더]를 클릭해 [새 폴더] 폴더를 생성하고, 이름을 'Sample'로 변경합니다. 그리고 같은 방법으로 [Sample] 폴더에 [Ch2_3] 폴더를 만들고, 그 안에 [Data] 폴더와 [Result] 폴더를 추가로 만들겠습니다. 그리고 [Data] 폴더에 3개의 예제 파일을 저장합니다.

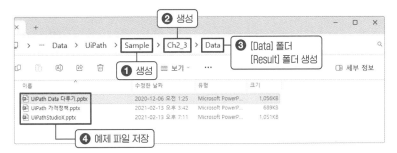

TIP 이번 실습에서 생성하는 [Sample] 폴더는 앞으로 예제 파일을 저장하는 메인 폴더로 활용할 예정입니다. UiPath StudioX에서 자동화를 구현하기 위해서는 폴더, 파일 관리를 꼼꼼하게 해 놓아야 합니다.

02 실습을 위해 새 태스크를 만들어 보겠습니다. [새로 만들기]–[빈 태스크]를 누릅니다. '빈 태스크' 대화상자가 뜨면 [이름] 옵션에 '2_3 폴더와 파일'을 적고, [위치] 옵션에 '₩Ch 2'를 입력한 후 [만들기] 버튼을 클릭합니다.

03 [액티비티] 그룹-[파일/폴더] 옵션-[파일] 옵션-[For Each File in Folder] 액티비티를 드래그하여 디자이너 패널 '⊕ 여기에 액티비티 놓기'에 놓습니다.

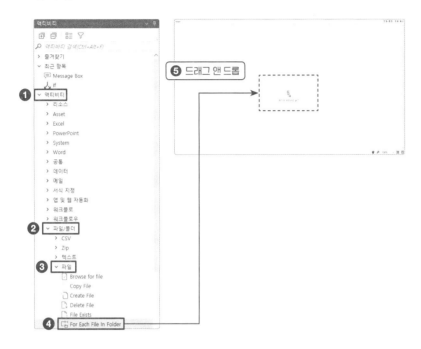

04 [폴더 내] 옵션-[폴더 탐색] 버튼을 클릭합니다. '폴더 선택' 대화상자에서 [Sample] 폴더-[Ch2_3] 폴더에서 예제 파일들을 저장한 [Data] 폴더를 선택한 후 [폴더 선택] 버튼을 클릭합니다.

 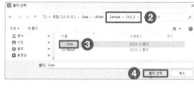

> **TIP** [For Each File In Folder] 액티비티의 옵션을 살펴보면 다음과 같은 추가 설정을 할 수 있습니다. 액티비티마다 설정할 수 있는 옵션이 다르므로 옵션을 잘 확인해 보면 도움이 됩니다.
>
> **[For Each File In Folder] 액티비티 옵션의 의미**
> - **하위 폴더를 포함:** 지정한 폴더의 하위 폴더에서도 반복 작업을 실행할지 결정합니다.
> - **액세스가 거부된 폴더 건너뛰기:** 특정 조건에 의해 엑세스가 거부된 폴더일 때 에러 처리가 되지 않고, 건너뛰어 다음 폴더의 파일을 읽어 옵니다.
> - **필터링 기준:** 필터를 설정하여 특정 조건을 만족하는 파일만 가져와서 작업합니다.
> - **정렬 기준:** 정렬 순서를 정해 작업 순서를 변경합니다.

05 복사한 파일을 [Result] 폴더로 옮기기 [액티비티] 그룹−[파일/폴더] 옵션−[파일] 옵션−[Copy File] 액티비티를 드래그하여 [1. For Each File in Folder] 액티비티 안으로 놓습니다.

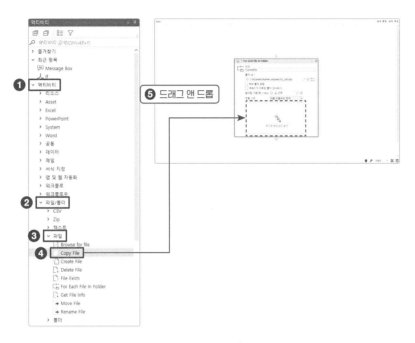

06 [1.1 Copy File] 액티비티의 [시작] 옵션 오른쪽에 ⊕ 버튼-[Current File]-[전체 이름(전체 경로 포함)]을 클릭합니다.

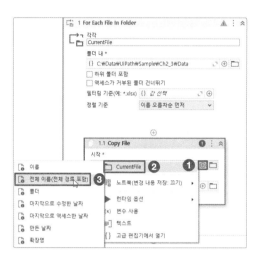

07 [종료] 옵션-[폴더 탐색] 버튼을 클릭한 후, '폴더 선택' 대화상자에서 [Sample] 폴더-[Ch2_3] 폴더의 [Result] 폴더를 선택하고 [폴더 선택] 버튼을 누릅니다.

08 이로써 처음에 지정한 [Data] 폴더의 파일들을 복사한 후, [종료] 옵션에서 지정한 [Result] 폴더에 저장하는 자동화 과정이 완성되었습니다. UiPath StudioX 상단 리본 패널에서 [실행] 버튼을 클릭합니다.

09 앞서 지정한 파일들이 [Result] 폴더에 저장됩니다.

🔲 복사한 파일의 이름 변경하기

앞선 실습에서 [Data] 폴더의 파일들을 [Result] 폴더로 복사해 보았습니다. 하지만 복사한 파일의 이름이 동일하므로 혼선이 생길 수도 있습니다. 이 점을 보완하기 위해 [Result] 폴더에 저장되는 파일의 이름을 바꿔 보겠습니다. 실습을 진행하기 전, 이전 실습에서 [Result] 폴더에 만들어진 파일은 모두 지웁니다.

액티비티 흐름 파악하기

1. For Each File in Folder −1.1 Copy File
2. For Each File in Folder−2.1 Rename File

01 파일 이름을 바꿀 폴더 설정하기 [1. For Each File in Folder] 액티비티
아래에 **[액티비티]** 그룹-**[파일/폴더]** 옵션-**[파일]** 옵션-[For Each File in
Folder] 액티비티를 드래그해 바깥쪽 ⊕에 놓습니다.

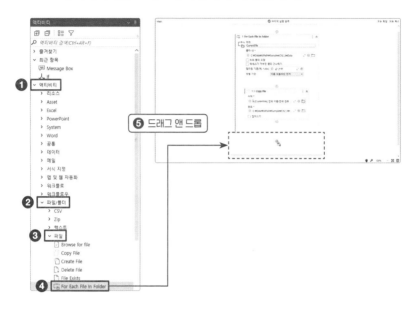

02 **[폴더 내]** 옵션-**[폴더 탐색]** 버튼을 클릭합니다. [Sample] 폴더-[Ch2_3]
폴더-[Result] 폴더를 선택하고 **[폴더 선택]** 버튼을 누릅니다.

03 파일 이름 입력하기 [액티비티] 그룹-[파일/폴더] 옵션-[파일] 옵션-[Rename File] 액티비티를 드래그해 [2. For Each File in Folder] 액티비티 안에 놓습니다.

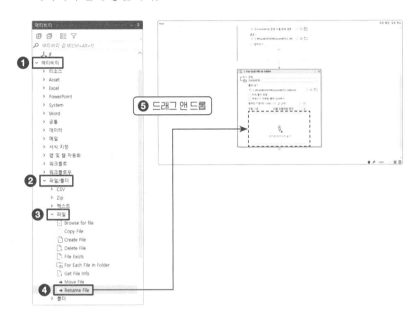

04 [2.1 Rename File] 액티비티 [파일] 옵션에서 ⊕ 버튼-[CurrentFile]-[전체 이름(전체 경로 포함)]을 클릭합니다.

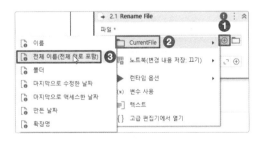

05 [새 이름] 옵션에서 ⊕ 버튼–[**텍스트**]를 클릭합니다. '텍스트 빌더' 대화상
자의 텍스트 입력 칸 우측 ⊕ 버튼을 클릭하고 [CurrentFile]–[**폴더**]를 선
택합니다.

06 '[CurrentFile] 폴더'가 입력되면 뒤에 '₩Mod_'를 입력합니다.

07 마지막으로 ⊕ 버튼–[CurrentFile]–[이름]을 클릭하고
[CurrentFile] 폴더 ₩Mod_ [CurrentFile] 이름 이 입력된 것을 확인한 후, [**저장**] 버튼을
누릅니다.

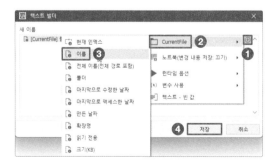

08 [실행] 버튼을 클릭합니다. 지정한 [Data] 폴더의 파일이 복사되어 [Result] 폴더에 저장되고, 복사된 파일 제목 앞에 'Mod_'가 추가된 것을 확인할 수 있습니다.

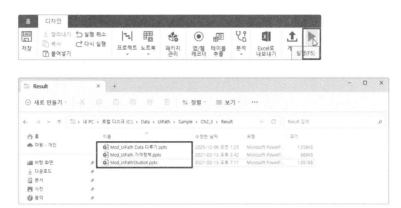

이번 실습을 통해 알아본 폴더와 파일을 다루는 방법은 향후에도 반복해서 사용되는 방법이니 기본적인 활용법을 숙지해 두면 많은 도움이 됩니다.

04

문서에 텍스트를 입력하는 자동화 구현하기

예제 파일 [Ch2_4] 폴더-[UiPath_Word 샘플.docx],
[UiPath_PPT 샘플.pptx], [UiPath_Excel 샘플.xlsx]

이번 장에서는 각각의 예제 파일에 'RPA 만세' 텍스트를 추가해 봄으로써 UiPath StudioX에서 엑셀, 파워포인트, 워드와 같은 오피스 프로그램을 어떻게 다루는지 살펴보겠습니다.

> **TIP** UiPath StudioX에서 문서 파일을 다루는 방법은 비슷비슷합니다. 문서 파일을 열고, 문서에서 텍스트를 입력할 위치를 찾아 기록하고, 저장하는 것입니다. 다만 문서에서 텍스트의 입력 위치를 설정하는 방법이 각각 다르므로 이 부분을 중심으로 알아보겠습니다.

엑셀에 텍스트 입력하기

가장 먼저 엑셀 파일을 다루는 방법을 살펴보겠습니다.

원하는 셀에 텍스트 입력하기

엑셀 파일 내 원하는 셀에 텍스트를 입력하기 위해 **[Write Cell]** 액티비티를 이용해 데이터를 입력할 셀을 지정하겠습니다.

> **액티비티 흐름 파악하기**
> 1. Use Excel File-1.1 Write Cell

01 실습을 위해 [Sample] 폴더에 [Ch2_4] 폴더를 만들고, 해당 폴더 안에는 [Data] 폴더와 [Result] 폴더를 추가하겠습니다. 그리고 [Data] 폴더에는 3개의 예제 파일을 저장합니다.

02 실습을 위해 새 태스크를 만들어 보겠습니다. 홈 화면에서 [새로 만들기]-[빈 태스크]를 누릅니다. '빈 태스크' 대화상자의 [이름] 옵션에 '2_4 엑셀 문서 다루기'를 적고, [위치] 옵션에 '₩Ch 2'를 입력한 후 [만들기] 버튼을 클릭합니다.

03 [액티비티] 그룹-[리소스] 옵션-[Use Excel File] 액티비티를 드래그하여

디자이너 패널에 있는 '⊕ 여기에 액티비티 놓기'에 놓습니다.

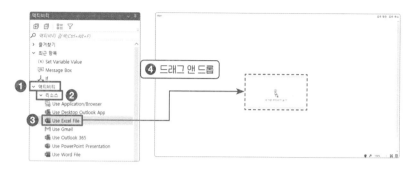

> **TIP** [Use Excel File] 액티비티는 [액티비티] 그룹의 [리소스] 옵션에도 있고
> [Excel] 옵션에도 있습니다. 어느 것을 사용해도 무관합니다.

04 [Excel 파일] 옵션-[파일 탐색] 버튼을 클릭합니다. 'Excel 문서 선택'

대화상자에서 [Sample] 폴더-[Ch2_4] 폴더-[Data] 폴더의 [UiPath_

Excel 샘플.xlsx] 파일을 선택한 다음 [열기] 버튼을 클릭합니다.

05 [액티비티] 그룹—[Excel] 옵션—[셀] 옵션—[Write Cell] 액티비티를 드래그해 [1. Use Excel File] 액티비티 내부 '⊕ 여기에 액티비티 놓기'에 놓습니다.

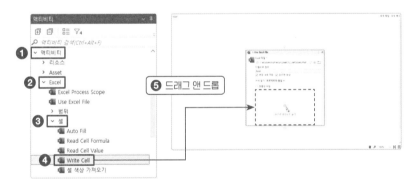

06 [1.1 Write Cell] 액티비티의 [쓰는 내용] 옵션에서 ⊕ 버튼−[텍스트]를 클릭합니다. '텍스트 빌더' 대화상자에 'RPA 만세'를 입력하고 [저장] 버튼을 클릭합니다.

07 [쓰는 위치] 옵션에 ⊕ 버튼−[Excel]−[엑셀에서 표시]를 클릭합니다.

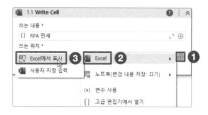

08 [UiPath_Excel 샘플.xlsx] 파일이 열리고 리본 메뉴 맨 우측 끝 [UiPath] 버튼을 누르면 '워크시트 중 하나에서 셀을 선택하고 확인을 누르십시오'라는 메시지를 확인할 수 있습니다. [A9] 셀을 선택한 다음 [확인] 버튼을 클릭합니다.

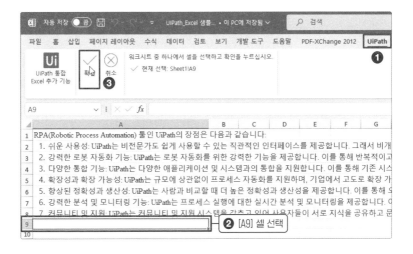

09 [1.1 Write Cell] 액티비티의 [쓰는 위치] 옵션에 셀 위치 'Sheet1!A9'가 추가된 것을 볼 수 있습니다.

엑셀 파일 저장하기

[Save Excel File As]를 활용해 결과 파일을 원하는 폴더에 자동으로 저장할

수 있습니다.

01 [액티비티] 그룹—[Excel] 옵션—[**통합 문서**] 옵션—[Save Excel File As] 액

티비티를 드래그해 [1.1 Write Cell] 액티비티 아래에 놓습니다.

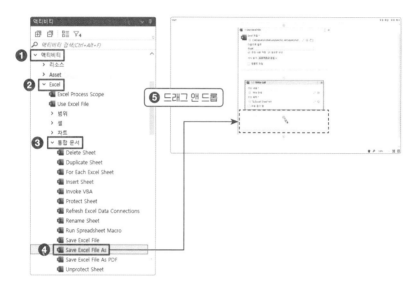

02 [**파일로 저장**] 옵션에서 폴더 모양 아이콘을 클릭합니다. [Ch2_4] 폴더의

[Result] 폴더로 들어가 폴더 위 '주소 표시줄'을 클릭해 폴더 경로를 선

택한 후, Ctrl + C 를 눌러 경로를 복사합니다.

03 [1.2 Save Excel File As] 액티비티 [**파일로 저장**] 옵션에서 ⊕ 버튼–[**텍스**

트]를 클릭합니다.

04 '텍스트 빌더' 대화상자에 결과 파일을 저장할 [Result] 폴더의 경로를 Ctrl + V 로 붙여 넣습니다. 붙여 넣은 경로 뒤에 '₩Result.xlsx'를 입력한 후, [저장] 버튼을 클릭합니다.

05 [실행] 버튼을 클릭하고 [Result] 폴더에 자동으로 저장된 [Result.xlsx] 파일을 열어 보면 선택한 셀에 'RPA 만세'라는 정보가 추가된 것을 볼 수 있습니다.

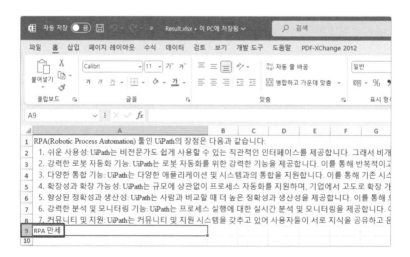

Ui 파워포인트에 텍스트 입력하기

이번에는 파워포인트를 다루는 방법을 살펴보겠습니다.

원하는 슬라이드에 텍스트 입력하기

원하는 슬라이드에 텍스트를 입력하기 위해서는 파워포인트 슬라이드의 개체를 이해해야 합니다. 액티비티 배치 후, 개체를 알아보겠습니다.

액티비티 흐름 파악하기

1. Use PowerPoint Presentation-1.1 Add Text to Slide

01 실습을 위해 새 태스크를 만들어 보겠습니다. 홈 화면에서 [새로 만들기]-[빈 태스크]를 누릅니다. '빈 태스크' 대화상자의 [이름] 옵션에 '2_4 PPT 문서 다루기'를 적고, [위치] 옵션에 'WCh 2'를 입력한 후 [만들기] 버튼을 클릭합니다.

02 [액티비티] 그룹-[리소스] 옵션-[Use PowerPoint Presentation] 액티비티를 드래그하여 디자이너 패널에 있는 '⊕ 여기에 액티비티 놓기'에 놓습니다.

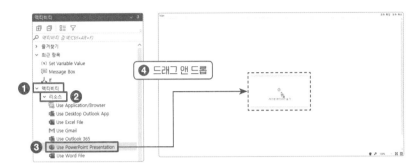

> **TIP** [Use PowerPoint Presentation] 액티비티는 [리소스] 옵션에도 있고 [PowerPoint] 옵션에도 있습니다. 어느 것을 사용해도 무관합니다.

03 [PowerPoint 파일] 옵션-[파일 탐색] 버튼을 클릭합니다. '프레젠테이션 문서 선택' 대화상자에서 [Sample] 폴더-[Ch2_4] 폴더-[Data] 폴더의 [UiPath_PPT 샘플.pptx] 파일을 선택한 다음 [열기] 버튼을 클릭합니다.

04 [액티비티] 그룹–[PowerPoint] 옵션–[Add Text to Slide] 액티비티를 드래그하여 [1. Use PowerPoint Presentation] 액티비티 안 '⊕ 여기에 액티비티 놓기'에 놓습니다.

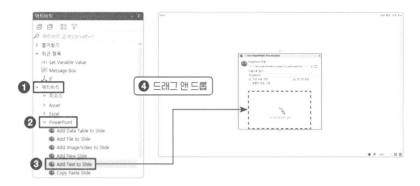

05 [슬라이드 번호] 옵션에서 ⊕ 버튼–[프레젠테이션]–[Slide 1 [슬라이드]]를 클릭합니다.

> **TIP** [슬라이드 번호] 옵션은 현재 연결되어 있는 파워포인트 파일 내 슬라이드 번호를 뜻합니다.

06 [콘텐츠 자리 표시자] 옵션에서 ⊕ 버튼–[프레젠테이션]을 클릭하고 [Slide 1 [슬라이드]]에 마우스를 올리면 [Text Box5 [셰이프]], [Text Box 6 [셰이프]]라는 생소한 정보가 보입니다. 우선 선택하기 전에 무엇인지 알아보겠습니다. [UiPath_PPT 샘플.pptx] 파일을 엽니다.

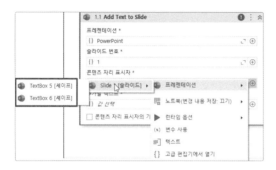

07 [UiPath_PPT 샘플.pptx] 파일 리본 메뉴의 [홈] 탭–[선택]–[선택 창]을 클릭합니다.

08 오른쪽에 '선택' 패널이 나타나고, 여러 개체가 표시되는 것을 볼 수 있습니다. [그룹 7] 아래로 [TextBox 6]과 [TextBox5]라는 개체가 보입니다. [TextBox 6]을 눌러 보면 붉은 글씨의 'UiPath 스튜디오X'가 선택되고, [TextBox5]를 눌러 보면 검정 글씨의 'PPT 문서 업무 자동화'라는 텍스트 상자가 선택됩니다.

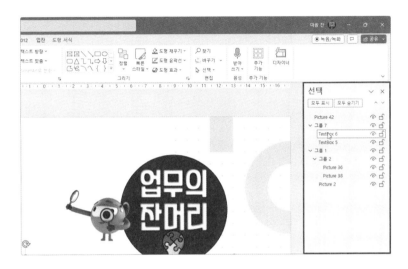

TIP 파워포인트 문서를 만들 때 파워포인트에서는 여러분도 모르는 사이에 각각의 개체에 자동으로 고유 번호를 부여하고, 그 정보를 보관하고 있습니다. 파워포인트 파일마다 이 고유 번호는 모두 다르게 표시됩니다. 이 책에서 다루는 예제 파일의 경우 [TextBox 5]와 [TextBox 6]로 자동 할당된 것입니다. 다른 파워포인트 파일에서는 또 다른 고유 번호가 매겨져 있을 것입니다.

보통 처음 만들어지는 개체부터 '1, 2, 3···' 순서로 순번이 매겨지는데, 작업 도중 이전에 생성했던 텍스트 상자를 삭제하더라도 번호는 계속 증가하는 방식으로 만들어집니다. 따라서 이 개체의 숫자만 보고도 이 프레젠테이션 자료를 만들면서 얼마나 많은 개체가 생성되었다가 사라졌는지를 짐작할 수 있습니다.

09 다시 UiPath StudioX로 돌아와 [1.1 Add Text To Slide] 액티비티 [콘텐츠 자리 표시자] 옵션의 ⊕ 버튼-[프레젠테이션]-[Slide 1]-[TextBox 5]를 클릭합니다.

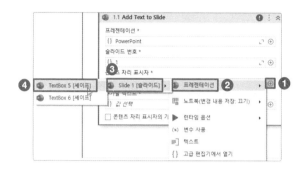

> **TIP** [TextBox5]를 선택한 것은 파워포인트에서 'PPT 문서 업무 자동화'가 적힌 텍스트 상자를 선택했다는 뜻입니다.

10 이제 [추가할 텍스트] 옵션에서 ⊕ 버튼-[텍스트]를 클릭하고, '텍스트 빌더' 대화상자에 'RPA 만세'를 입력합니다. [TextBox 5]에 'RPA 만세'를 입력하겠다는 의미입니다.

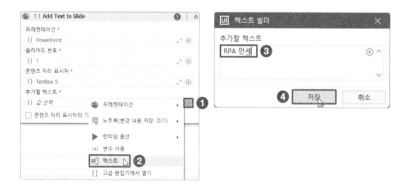

파워포인트 파일 저장하기

[Save PowerPoint File As]를 활용해 결과 파일을 원하는 폴더에 자동으로 저장할 수 있습니다.

01 [액티비티] 그룹–[PowerPoint] 옵션–[Save PowerPoint File As] 액티비티를 드래그해 [1.1 Add Text to Slide] 액티비티 바로 아래 ⊕로 놓습니다.

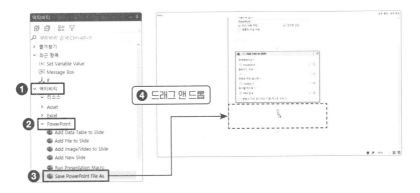

02 [파일로 저장] 옵션의 ⊕ 버튼–[텍스트]를 클릭합니다.

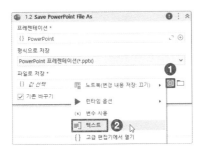

03 텍스트 빌더 대화상자에 [Result] 폴더의 경로를 입력하고,
'2_4₩Result' 뒤에 '₩Result. pptx'를 추가로 입력한 후 [저장] 버튼
을 클릭합니다.

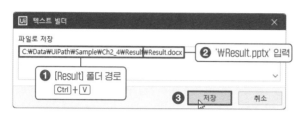

> **TIP** [Result] 폴더의 경로를 가져오는 방법은 '엑셀에 정보 추가하기' 예제에서 진행
> 한 방법을 똑같이 진행합니다.

04 마지막으로 [1.1 Add Text to Slide] 액티비티의 [**콘텐츠 자리 표시자의 기
존 텍스트 지우기**] 옵션을 체크합니다.

> **TIP** [콘텐츠 자리 표시자의 기존 텍스트 지우기] 옵션을 체크하지 않으면 이전에 있
> 던 글 상자의 내용이 그대로 남게 됩니다.

05 [실행] 버튼을 누르고, [Result.pptx] 파일을 확인해 보겠습니다.

> **TIP** UiPath StudioX에서 파워포인트에 텍스트를 추가되는 방식은 새로운 글 상자를 추가하는 방식이 아닌, 기존 글 상자를 활용하는 방식이라는 것을 알 수 있습니다.

ⓤⓘ 워드에 텍스트 입력하기

이번에는 워드에 텍스트를 입력하는 방법을 살펴보겠습니다.

텍스트 입력하기

워드는 사용자가 원하는 곳에 텍스트를 입력할 수 없고, [Append Text] 액티비티를 이용해 입력되어 있는 정보 바로 아랫줄에 텍스트를 추가 입력할 수 있습니다.

액티비티 흐름 파악하기

1. Use Word File-1.1 Append Text

01 실습을 위해 새 태스크를 만들어보겠습니다. 홈 화면에서 [새로 만들기]-
[빈 태스크]를 누릅니다. '빈 태스크' 대화상자의 [이름] 옵션에 '2_4 워드
문서 다루기'를 적고, [위치] 옵션에 'WCh 2'를 입력한 후 [만들기] 버튼
을 클릭합니다.

02 [액티비티] 그룹-[리소스] 옵션-[Use Word File] 액티비티를 드래그하여
디자이너 패널에 있는 '⊕ 여기에 액티비티 놓기'에 놓습니다.

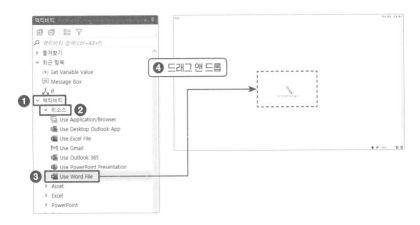

03 [Word 파일] 옵션-[파일 탐색] 버튼을 클릭합니다. 'Word 문서를 선택
합니다.' 대화상자에서 [Sample] 폴더-[Ch2_4] 폴더-[Data] 폴더의
[UiPath_Word 샘플.docx] 파일을 선택한 다음 [열기] 버튼을 클릭합니다.

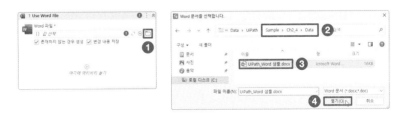

04 [액티비티] 그룹–[Word] 옵션–[Append Text] 액티비티를 드래그해 [1. Use Word File] 액티비티의 안쪽 '⊕ 여기에 액티비티 놓기'에 놓습니다.

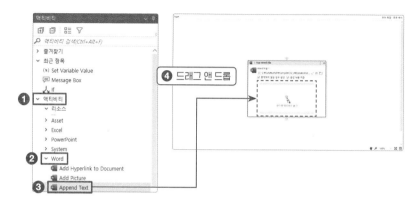

05 [텍스트 앞에 새 줄 추가] 옵션을 체크합니다. 체크하면 추가되는 텍스트 앞에 새 줄이 추가됩니다.

06 워드에 추가할 텍스트를 넣겠습니다. [텍스트] 옵션의 ⊕ 버튼–[텍스트]를 클릭합니다. '텍스트 빌더' 대화상자에 'RPA 만세'를 입력하고 [저장] 버튼을 클릭합니다.

워드 파일 저장하기

[Save Document As]를 활용해 결과 파일을 원하는 폴더에 자동으로 저장할
수 있습니다.

액티비티 흐름 파악하기
1. Use Word File–1.1 Append Text–1.2 Save Document As

01 [액티비티 그룹]–[Word] 옵션–[Save Document As] 액티비티를 드래그
해 [1.1 Append Text] 액티비티 아래에 놓습니다.

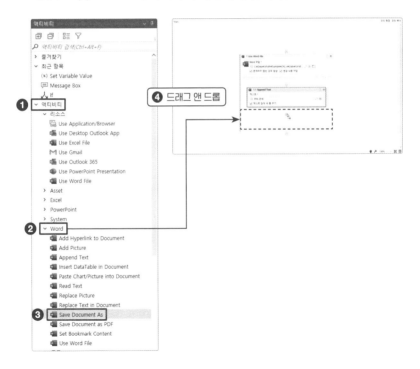

02 [**파일로 저장**] 옵션의 ⊕ 버튼–[**텍스트**]를 클릭합니다.

03 '텍스트 빌더' 대화상자에 [Result] 폴더의 경로를 입력합니다.
'2_4₩Result' 뒤에 '₩Result. docx'를 추가로 입력한 후 [**저장**] 버튼
을 클릭합니다.

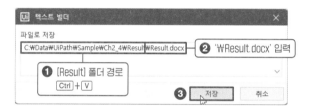

04 [실행] 버튼을 누릅니다. [Result.docx] 파일의 맨 마지막이 줄 바꿈 되고 그 밑에 'RPA 만세'라는 글이 추가된 것을 확인할 수 있습니다.

이상으로 UiPath StudioX에서 엑셀, 파워포인트, 워드 파일에 데이터를 추가하는 방법을 살펴봤습니다. 각각 문서 형식의 차이를 이해하고, 이를 내게 필요한 자동화에 활용해 보세요.

05

MS 아웃룩에서
회신 자동화 구현하기

모든 업무는 일이 마무리되면 그 결과를 직장 동료 또는 상사에게 공유 및 보고해야 합니다. 이때 가장 자주 활용되는 커뮤니케이션 수단이 바로 이메일입니다.

RPA 영역에서도 마찬가지입니다. 일이 끝나면 지정된 폴더에 파일을 저장해 마무리할 수도 있지만, 실제 업무에서 가장 많이 사용하게 되는 공유, 보고 수단은 이메일입니다. 이번 장에서는 UiPath StudioX를 MS 아웃룩과 연결하고, 메일을 자동으로 전달하는 액티비티를 구성해 보겠습니다.

UiPath StudioX로 메일 회신하기

UiPath StudioX를 이용하면 지정 메일함에 전송된 메일을 자동 회신하고, 이후 회신한 메일을 모두 결과 폴더에 자동으로 이동시킬 수 있습니다.

MS 아웃룩 설정하기

MS 아웃룩에 메일을 회신할 [00_BeforeWork] 폴더와 회신이 끝난 메일을 저장할 [01_AfterWork] 폴더를 추가하겠습니다.

01 내 메일 계정에서 [내 메일 주소]를 [마우스 우클릭]–[새 폴더]를 클릭하고, 폴더 이름을 입력하는 칸이 나타나면 폴더명을 [00_BeforeWork], [01_AfterWork]로 입력합니다.

02 나에게 'UiPath 자동화를 위한 Test'라는 제목의 테스트용 메일을 보냅니다. 메일 내용은 편하게 적으셔도 됩니다. 그리고 받은 메일을 [00_BeforeWork] 폴더에 저장해 놓습니다. [01_ AfterWork] 폴더는 빈 상태로 두겠습니다.

UiPath StudioX와 MS 아웃룩 연동하기

UiPath StudioX가 MS 아웃룩에서 회신할 메일을 읽어올 수 있도록 액티
비티를 구성하겠습니다.

액티비티 흐름 파악하기
1. Use Desktop Outlook App-1.1 For Each Email

01 실습을 위해 새 태스크를 만들어 보겠습니다. 홈 화면에서 **[새로 만들기]**-**[빈 태스크]**를 누릅니다. '빈 태스크' 대화상자의 **[이름]** 옵션에 '2_5 Outlook 다루기'를 적고, **[위치]** 옵션에 '₩Ch 2'를 입력한 후 **[만들기]** 버튼을 클릭합니다.

118

02 [액티비티] 그룹-[리소스] 옵션-[Use Desktop Outlook App] 액티비티를 드래그하여 디자이너 패널 '⊕ 여기에 액티비티 놓기'에 놓습니다.

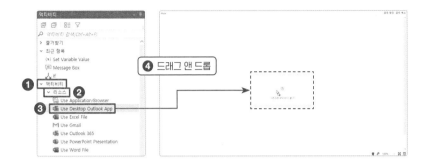

TIP 현재 MS 아웃룩에 이미 연결된 계정이 여러 개 있고, 기본으로 설정되어 있는 메일 계정이 아닌 다른 메일 계정을 사용하고자 하는 경우라면 추가한 [1. Use Desktop Outlook App] 액티비티 [계정] 옵션에서 계정을 따로 선택해 주어야 합니다.

03 [액티비티] 그룹–[메일] 옵션–[For Each Email] 액티비티를 드래그해 [1. Use Desktop Outlook App] 액티비티 안쪽 '⊕ 여기에 액티비티 놓기'에 놓습니다.

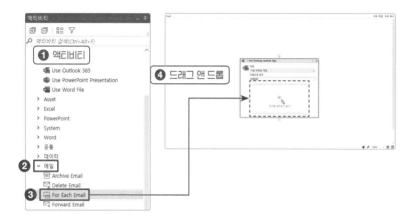

> **TIP** [For Each Email] 액티비티는 각각의 이메일을 'CurrentMail'이라는 개체로 인식하고, 개체에 지정한 반복 작업을 수행하는 액티비티입니다.

04 [이메일] 옵션의 ⊕ 버튼-[Outlook]을 클릭하면 앞서 등록한 MS 아웃룩 계정의 메일함이 나타납니다. 여기서 작업하고자 하는 폴더인 [00_BeforeWork] 폴더를 선택해 줍니다.

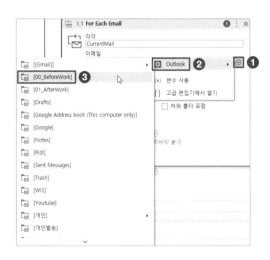

> **TIP** 동기화 문제로 [Outlook]을 눌러도 팝업 메뉴가 뜨지 않는다면, MS 아웃룩 위탭 메뉴의 [파일] 버튼을 클릭한 후, [계정 설정]-[계정 이름 및 동기화 설정]을 선택해 'IMAP 계정 설정'을 진행해 보세요.

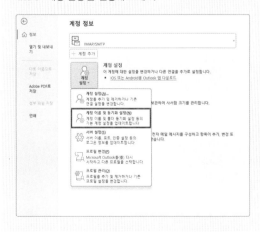

회신할 메일 작성하기

회신을 위해 이메일 주소, 제목, 본문 등 내용을 [Reply To Email] 액티비티에 입력하겠습니다.

01 [액티비티] 그룹-[메일] 옵션-[Reply To Email] 액티비티를 드래그해 [1.1 For Each Email] 액티비티 내부의 '⊕ 여기에 액티비티 놓기'에 놓습니다.

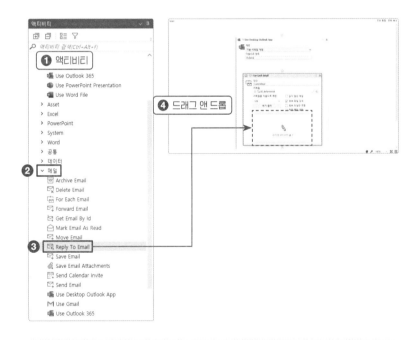

TIP [Reply To Email] 액티비티는 [1.1 For Each Email]에서 인식한 개체인 'CurrentMail'에 수신인, 참조인, 제목, 본문, 첨부 파일 등 각각의 메일 정보를 추가, 발송하는 액티비티입니다.

02 회신할 이메일 주소를 입력하겠습니다. ['**받는 사람' 추가**] 옵션에서 ⊕ 버튼–[Current Email]–[**시작**]을 클릭합니다.

03 다음은 제목을 입력하겠습니다. 제목 앞에 회신을 뜻하는 '[Re]'를 추가해 보겠습니다. [**새 제목**] 옵션에서 ⊕ 버튼–[**텍스트**]를 클릭합니다.

04 '텍스트 빌더' 대화상자의 ⊕ 버튼-[CurrentMail]-[제목]을 클릭합니다. 옅은 회색 음영의 '[CurrentMail] 제목'이 추가되면 커서를 그 앞으로 이동하여 '[Re]'를 입력하고, [저장] 버튼을 클릭합니다.

> **TIP** ['받는 사람' 추가] 옵션의 [시작]이라는 항목이 좀 어색하지 않나요? 이 항목은 영어 버전에서는 [From]으로, [보낸 사람]을 의미하나 UiPath StudioX 한글 버전에서는 엉뚱하게도 [시작]이라는 이름으로 번역되었습니다.
>
> 실제로 UiPath StudioX 한글 버전은 이처럼 번역이 잘못된 부분이 많습니다. 평소에는 언어를 한글로 설정해 작업하다가, 중간중간 막히는 부분이 생기면 언어를 영문으로 바꿔 다시 메뉴를 확인해 보는 것도 좋은 방법입니다.

05 이번에는 메일의 본문을 구성해 보겠습니다. [본문] 옵션의 [편집기 열기] 버튼을 클릭하면 'HTML 콘텐츠 편집' 대화상자가 나타납니다.

> **TIP** 'HTML 콘텐츠 편집' 대화상자는 '텍스트 빌더' 대화상자보다 크기도 크고 선택할 수 있는 것도 많습니다. 평소에 메일을 쓸 때처럼 글자의 크기, 폰트, 구성 등을 입력할 수 있습니다.

06 우측 상단의 [⊕ 데이터 값 추가]−[데이터 값 매핑]을 클릭합니다.

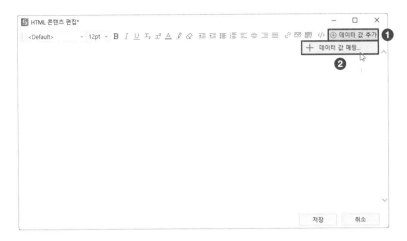

07 '데이터 값 매핑' 대화상자에서 [값 추가]−[단일 값]을 선택합니다.

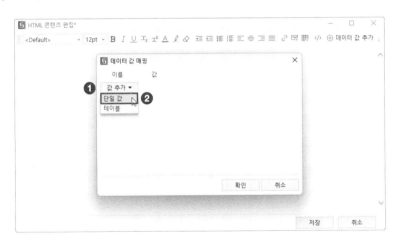

08 '이름' 입력란에 'From'을 입력한 후 **[값]** 옵션 우측 ⊕ 버튼–
[CurrentMail]–**[시작]**을 클릭합니다.

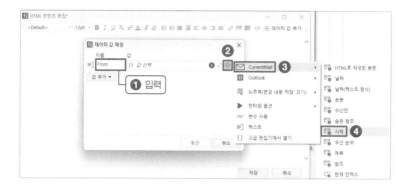

09 첫 행의 느낌표가 사라지면, 다시 **[값 추가]**–**[단일 값]**을 선택합니다. '이름'
입력란에 'Title'을 입력한 후 **[값]** 옵션 우측 ⊕ 버튼–[CurrentMail]–[제
목]을 클릭한 후 **[확인]** 버튼을 클릭합니다.

10 이제 본문을 작성해 보겠습니다. [⊕ **데이터 값 추가**] 버튼을 누르고 'From'과 'Title'을 클릭하면 텍스트 입력란에 연결한 데이터가 추가됩니다. 각각의 값을 활용해 '{{From}}님께 '{{Title}}' 메일에 대한 회신드립니다.'라는 문구를 작성하고 [**저장**] 버튼을 클릭합니다.

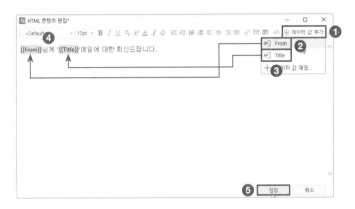

11 [**초안으로 저장**] 옵션은 체크를 해제합니다.

> **TIP** [Reply To Email] 액티비티에 [초안으로 저장] 옵션이 체크된 상태에서 [실행] 버튼을 누르면 메일을 발송하지 않고 보낼 편지함에 저장 후 작업을 종료합니다.

Ui UiPath StudioX로 회신한 메일 정리하기

회신 여부를 더 쉽게 파악하기 위해 메일을 회신한 후, 메일이 자동으로 [01_ AfterWork] 폴더에 정리되도록 액티비티를 구성해 보겠습니다.

액티비티 흐름 파악하기

1. Use Desktop Outlook App–1.1 For Each Email–1.1.1 Reply To Email–1.1.2 Move Email

---

01 회신한 메일을 결과 폴더에 옮기기 [액티비티] 그룹–[메일] 옵션–[Move Email] 액티비티를 드래그해 [1.1.1 Reply to Email] 액티비티 아래 '⊕ 여기에 액티비티 놓기'로 놓습니다.

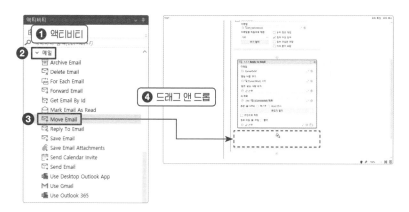

128

02 [이동 위치] 옵션의 ⊕ 버튼–[Outlook]–[01_AfterWork]를 선택합니다.

03 [실행] 버튼을 클릭합니다. 기존에 [00_BeforeWork] 폴더에 있던 메일들이 회신 후 [01_AfterWork] 폴더로 이동합니다.

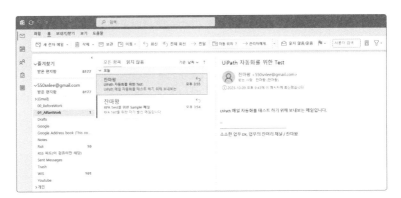

04 [받은 편지함]에 회신이 온 것을 확인할 수 있습니다.

TIP 메뉴 모음 중에 [메일]이라는 이름의 액티비티 모음이 있는데, 여기를 열어보면, 메일을 활용하는 여러 액티비티들이 있고, 맨 아래 영역에 액티비티를 통해 MS 아웃룩, Gmail, Outlook 365에 접속할 수 있지만 그 외에는 사용하는 툴에 따라 별도로 분리되어 있지는 않습니다.

이는 다르게 이야기하면, 메일을 사용하기 위해 각 툴들에 접속하는 방법이 다를 뿐 한 번 연결되고 나면 이후 하는 동작들은 다 구현이 가능하게 프로그램이 개발되어 있다고 보면 되겠습니다.

06

웹 크롤링
자동화 구현하기

RPA를 구축하여 큰 이득을 얻을 수 있는 업무는 인터넷의 정보를 반복적으로 가져오는 일이 대표적입니다. 업무에 반드시 필요한 환율, 유가, 에너지 비용 정보 등을 매일 찾아 정리하는 단순 반복 작업은 RPA로 구현했을 때 업무량을 크게 줄일 수 있습니다.

이번 장에서는 KBO 공식 사이트에서 제공하는 팀 순위를 UiPath StudioX에서 제공하는 앱/웹 레코더 기능을 활용해 크롤링하고, 가져온 정보를 엑셀에 저장하는 작업을 해 보도록 하겠습니다.

순위	팀명	경기	승	패	무	승률	게임차	최근10경기	연속	홈	방문
1	LG	140	84	54	2	0.609	0	4승0무6패	3패	43-1-24	41-1-30
2	KT	143	78	62	3	0.557	7	5승0무5패	2승	40-2-30	38-1-32
3	두산	136	71	63	2	0.530	11	4승1무5패	1승	35-1-34	36-1-29
4	SSG	139	72	64	3	0.529	11	8승0무2패	1승	37-2-32	35-1-32
4	NC	138	72	64	2	0.529	11	5승0무7패	1승	38-1-29	34-1-35
6	KIA	138	69	67	2	0.507	14	6승0무4패	3승	34-2-30	35-0-37
7	롯데	138	66	72	0	0.478	18	5승0무5패	1승	37-0-35	29-0-37
8	삼성	141	60	80	1	0.429	25	5승0무5패	2패	31-0-39	29-1-41
9	한화	140	56	78	6	0.418	26	3승0무7패	5패	30-1-39	26-5-39

웹페이지에서 데이터 추출하기

앱/웹 레코더 기능을 활용해 데이터를 추출해 보겠습니다.

> **액티비티 흐름 파악하기**
>
> 1. Use Browser−1.1 Click−1.2 Extract Table Data

01 **[앱/웹 레코더] 활용하기** [Sample] 폴더에 [Ch2_6] 폴더를 만들고, 그 안에 [마우스 우클릭]−[새로 만들기]−[스프레드시트 문서]를 클릭해 새로운 엑셀 파일을 만듭니다. 그리고 [새 스트레드시트.xlsx] 파일을 선택해 [마우스 우클릭]−[속성]을 열어 파일 이름을 [KBORanking.xlsx]으로 수정합니다.

02 실습을 위해 새 태스크를 만들어보겠습니다. 홈 화면에서 **[새로 만들기]**–**[빈 태스크]**를 누릅니다. '빈 태스크' 대화상자의 **[이름]** 옵션에 '2_6 웹 다루기'를 적고, **[위치]** 옵션에 'WCh 2'를 입력한 후 **[만들기]** 버튼을 클릭합니다.

03 KBO 홈페이지(https://www.koreabaseball.com/Default.

aspx)에서 [기록 · 순위]-[팀 순위]를 클릭합니다.

TIP 이번 작업은 인터넷 브라우저 환경이 작업에 많은 영향을 줍니다. 책에서는 '마이크로소프트 엣지'를 사용하였습니다. 최근 많이 사용되는 '구글 크롬'으로 작업하셔도 무방합니다.

04 UiPath StudioX로 돌아와 리본 패널에 **[앱/웹 레코더]** 버튼을 클릭합니다.

> **TIP** 확장 프로그램이 깔려 있지 않은 경우 초록색 타겟 박스가 나타나지 않고, 주황색 화면이 나타납니다. 주황색 화면을 클릭하면 "브라우저와 통신할 수 없습니다"라는 메시지가 나타나고, 대화상자가 나타나 확장 프로그램을 설치하도록 유도합니다. 설치하지 않으면 해당 실습을 진행할 수 없으니 확장 프로그램을 꼭 다운로드하시길 바랍니다.

05 초록색 타겟 박스가 나타나면 팀 순위 페이지에서 '팀 순위' 표를 클릭한후 '앱/웹 레코더' 대화상자에서 **[저장 후 Studio로 반환]** 버튼을 클릭합니다.

> **TIP** 이번 과정에서 데이터를 정확히 클릭할 필요는 없습니다.

06 UiPath StudioX 디자이너 패널에 [1. 팀 순위 | 기록/순위 | KBO] 액티비티가 만들어집니다.

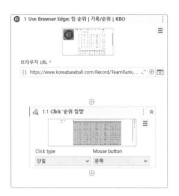

> **TIP** KBO 웹사이트를 '마이크로소프트 엣지'로 접속하셨다면 [Use Browser Edge] 액티비티가 나오고, '구글 크롬'으로 접속하셨다면 [Use Browser Chrome] 액티비티가 나타납니다.

07 데이터 추출하기 [액티비티] 그룹-[앱 및 웹 자동화] 옵션-[Extract Table Data] 액티비티를 드래그해 [1. 팀 순위 | 기록/순위 | KBO] 액티비티 내부 ⊕에 놓습니다.

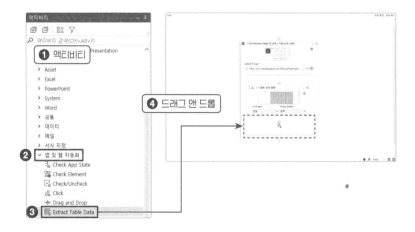

08 [표시할 애플리케이션] 버튼을 클릭합니다.

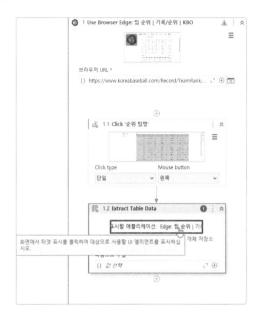

> **TIP** 앞서서와 같이 버튼 내부에 표시되는 문구는 사용했던 브라우저에 따라 다르게 표시될 수 있습니다. 이 책의 경우 '마이크로소프트 엣지'를 사용했기 때문에 'Use Browser Edge'로 표시됩니다.

09 '테이블 추출' 대화상자가 나타나면 **[추출할 데이터 선택]** 버튼을 클릭합니다. 데이터 추출 상태가 되면 마우스를 정교하게 움직여 사진과 같이 '팀 순위' 표를 모두 선택한 후 클릭합니다.

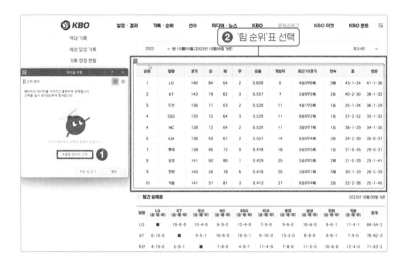

TIP 반드시 사진과 같은 위치에 타겟 박스를 설정해야 합니다.

10 '데이터 추출' 대화상자에 테이블 추출 정보가 간단하게 표시됩니다. 추출된 데이터를 확인하고 **[저장 및 닫기]** 버튼을 클릭합니다.

> **TIP** '데이터 추출' 대화상자의 [미리보기] 버튼를 클릭하면 추출할 데이터를 확인할 수 있습니다.

순위	팀명	경기
1	LG	140
2	KT	143
3	두산	136
4	SSG	139
4	NC	138
6	KIA	138
7	롯데	138
8	삼성	141
9	한화	140
10	키움	141

CSV로 내보내기   닫기

11 **변수 만들기** [다음으로 추출] 옵션에 ⊕ 버튼−[**변수 만들기**]를 클릭합니다.

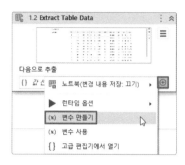

> **TIP** [1.2 Extract Table Data] 액티비티의 이미지를 [더블 클릭]하면 여러분이 앞서 추출한 데이터를 확인할 수 있습니다.

12 '변수 만들기' 대화상자의 [**변수에 이름 지정**] 옵션에 'KBO_Rank'를 입력한 후 [**확인**] 버튼을 클릭합니다.

Ui 추출한 데이터를 엑셀에 저장하기

웹/앱 레코더 기능을 활용해 추출한 데이터를 엑셀에 정리, 저장해 보겠습니다.

액티비티 흐름 파악하기

1. Use Browser-1.1 Click-1.2 Extract Table Data-1.3 Use Excel File-1.3.1
   Write DataTable to Excel-1.3.2 Save Excel File

01 데이터를 입력할 엑셀 파일 불러오기 [액티비티] 그룹-[Excel] 옵션-[Use Excel File] 액티비티를 드래그해 [1.2 Extract Table Data] 액티비티 아래 ⊕에 놓습니다.

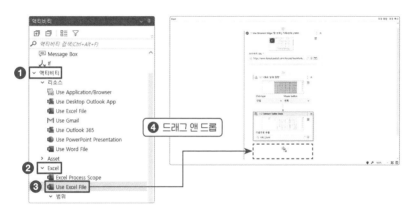

02 [Excel 파일] 옵션–[파일 탐색] 버튼을 클릭한 후, [KBORanking.xlsx] 파일을 선택, **[열기]** 버튼을 클릭합니다.

03 **데이터 입력하기** [액티비티] 그룹–[Excel] 옵션–[범위] 옵션–[Write DataTable to Excel] 액티비티를 드래그해 [1.3 Use Excel File] 액티비티 내부 '⊕ 여기에 액티비티 놓기'에 놓습니다.

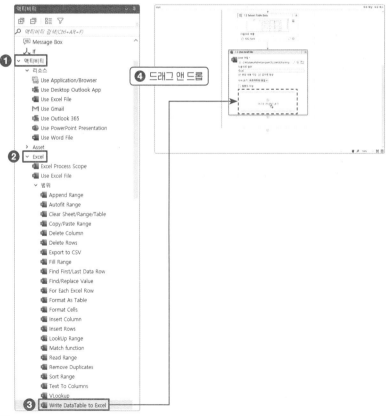

04 [쓰는 내용] 옵션에서 ⊕ 버튼–[변수 사용]을 클릭하고, [변수]–[KBO_ Rank]를 클릭합니다.

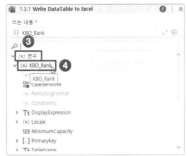

05 [대상] 옵션에서 ⊕ 버튼–[Excel]–[Sheet1 [시트]]를 클릭합니다.

06 [액티비티] 그룹–[Excel] 옵션–[통합 문서] 옵션–[Save Excel File] 액티

비티를 드래그하여 [1.3.1 Write DataTable to Excel] 액티비티 바로 아

래 ⊕에 놓습니다.

07 [실행] 버튼을 클릭합니다. [KBORanking.xlsx] 파일을 열어 보면 팀 순위 정보가 엑셀에 정리된 것을 볼 수 있습니다.

순위	팀명	경기	승	패	무	승률	게임차	최근10경기	연속	홈	방문
1	LG	140	84	54	2	0.609	0	4승0무6패	3패	43-1-24	41-1-30
2	KT	143	78	62	3	0.557	7	5승0무5패	2승	40-2-30	38-1-32
3	두산	136	71	63	2	0.53	11	4승1무5패	1승	35-1-34	36-1-29
4	SSG	139	72	64	3	0.529	11	8승0무2패	1승	37-2-32	35-1-32
5	NC	138	72	64	2	0.529	11	3승0무7패	1승	38-1-29	34-1-35
6	KIA	138	69	67	2	0.507	14	6승0무4패	3승	34-2-30	35-0-37
7	롯데	138	66	72	0	0.478	18	5승0무5패	1승	37-0-35	29-0-37
8	삼성	141	60	80	1	0.429	25	5승0무5패	2패	31-0-39	29-1-41
9	한화	140	56	78	6	0.418	26	3승0무7패	5패	30-1-39	26-5-39
10	키움	141	57	81	3	0.413	27	6승0무4패	2승	32-2-36	25-1-45

07

UiPath Assistant 알아보기

UiPath Assistant는 UiPath StudioX에서 만든 자동화를 누구나 쉽게 실행할 수 있도록 돕는 프로그램입니다. UiPath StudioX에서 만든 자동화를 UiPath Assistant에 등록하면, UiPath StudioX를 실행할 필요 없이, 단 한 번의 클릭으로 여러분이 등록한 모든 자동화를 실행할 수 있습니다. 이렇게 자동화를 실행하는 UiPath Assistant를 '봇^{Bot}'이라고도 하며, 무료 버전에서는 'Attended Bot'만 사용 가능합니다.

> **TIP** 봇은 'Attended Bot'과 'Unattended Bot'으로 나눌 수 있습니다. Attended Bot은 사용자 프로세스를 직접 실행해야 하기 때문에 사람이 출석해야 한다는 의미의 Attended Bot이라고 부릅니다. 반면 Unattended Bot은 주어진 조건에 따라(특정 조건에 자동으로 반응) 자동으로 프로세스를 실행하기 때문에 출석하지 않아도 된다는 의미의 Unattended Bot이라고 합니다.

 UiPath Assistant에 자동화 게시, 실행하기

직전에 작업한 웹 크롤링 자동화를 UiPath Assistant에 게시, 실행해 보겠습니다.

01 자동화 게시하기 우선 이전 실습에서 제작한 [KBORanking.xlsx] 파일을 삭제합니다. 그리고 UiPath StudioX 시작 화면의 [2_6 웹 다루기] 프로젝트를 실행하고, 프로젝트가 나타나면 리본 패널의 [게시] 버튼을 클릭합니다.

02 [게시 프로세스] 대화상자의 [게시] 버튼을 클릭하고, '프로젝트이(가) 게시되었습니다.'라는 메시지가 나타나면 [확인] 버튼을 눌러 완료합니다.

> **TIP** 패키지 이름에는 공백을 넣을 수 없습니다. 그래서 [패키지 이름] 옵션에 입력된 이름 사이의 공백이 모두 '.'로 바뀐 것을 볼 수 있습니다.

03 자동화 실행하기 윈도우에서 [시작] 버튼–[모든 앱]을 클릭하고, '앱, 설정 및 문서 검색' 창에 'UiPath Assistant'를 검색, 실행합니다.

04 UiPath Assistant 프로그램이 실행되면 [홈] 화면–[자동화] 옵션에 '2_6.웹.다루기' 자동화가 등록된 것을 볼 수 있습니다.

148

05 [실행] 버튼을 클릭하면 자동화가 동작하며, [최근 실행] 창에서 작업 진행

결과를 실시간으로 볼 수 있습니다.

TIP [최근 작업] 창은 최근 실행한 이력이 있을 경우 [최근 실행]으로 표시될 수 있습니다.

06 결과 파일을 확인해 봅니다.

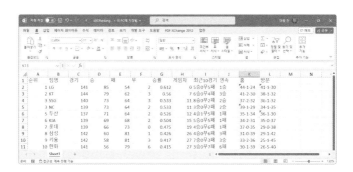

TIP 기업에서 UiPath를 활용할 때는 클라우드 환경을 바탕으로 여러 대의 RPA 전용 컴퓨터를 두고 Unattended Bot을 활용해 여러 개의 자동화를 끊임없이 실행하도록 설정해 놓습니다. UiPath는 기업이 이러한 환경에서 자동화를 효율적으로 운영할 수 있도록 자동화 관리 프로그램인 'UiPath Orchestrator'를 제공하고 있습니다.

✏ **Memo**

3장

UiPath StudioX로 업무 시간 단축하기

여러 개의 파워포인트 파일을 하나로 통합하기

예제 파일 [Ch3_1] 폴더–[헝가리.pptx] [체코.pptx] [이탈리아.pptx]

회사에서 파워포인트 작업을 하다 보면 여러 부서의 자료를 모아 하나의 파일로 취합해야 하는 경우가 있습니다. 이때 취합할 파일이 몇 개 되지 않으면 하나하나 파일을 이어 붙이는 방식으로 파일을 완성할 수 있습니다.

하지만 이어 붙여야 할 파일이 10개가 넘는다거나, 매일 같은 작업을 반복해야 한다면 어떨까요? 그러면 상당히 번거로워질 것입니다. RPA가 큰 힘을 발휘할 수 있는 작업이 바로 이런 일입니다.

이번 실습에서는 RPA를 이용해 나눠져 있는 파워포인트 파일을 하나로 통합해 보겠습니다. 이 작업은 순서도로 표현하면 다음과 같이 그려 볼 수 있습니다.

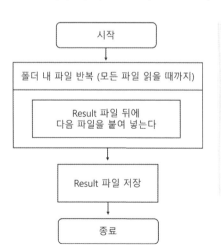

TIP 내가 자동화할 업무가 있을 때 어떤 순서로 작업해야 할지가 명확하지 않다면 순서도를 그려 보는 것을 추천합니다. 업무 프로세스를 빠짐없이 정리할 수 있고, 동시에 UiPath StudioX 작업이 매우 쉬워집니다. UiPath StudioX 디자이너 패널도 순서도와 유사한 형태를 가지기 때문에 잘 만든 순서도가 하나 있으면 이를 자동화하는 것은 훨씬 쉬워집니다.

Ui 파워포인트 파일 불러오기

UiPath StudioX는 파일을 일일이 설정할 필요 없이 액티비티에 폴더를 설정하여 폴더 내 모든 파워포인트 파일을 불러올 수 있습니다.

액티비티 흐름 파악하기

1. For Each File in Folder-1.1 Use PowerPoint Presentation-1.1.1 Use PowerPoint Presentation

01 실습 준비하기 실습을 위해 우선 예제 파일을 저장할 [Sample] 폴더를 만들겠습니다. [Sample] 폴더 안에 [Ch3_1] 폴더를 만들고, 그 안에 [Data] 폴더와 [Result] 폴더를 추가로 만듭니다. [Data] 폴더에 3개의 예제 파일을 저장합니다.

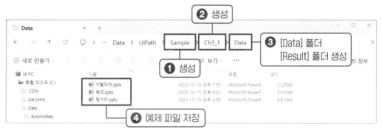

> **TIP** 이번 실습에서 생성하는 [Sample] 폴더는 3장의 예제 파일과 결과 파일을 저장하는 메인 폴더로 활용할 예정입니다.

02 실습을 위해 새 태스크를 만들어 보겠습니다. 홈 화면에서 **[새로 만들기]**-
[빈 태스크]를 누릅니다. '빈 태스크' 대화상자의 **[이름]** 옵션에 '3_1 파워
포인트 파일 합치기'를 적고, **[위치]** 옵션에 'WCh 3'를 입력한 후 **[만들기]**
버튼을 클릭합니다.

03 폴더 불러오기 [액티비티] 그룹–[파일/폴더] 옵션–[파일] 옵션–[For Each File in Folder] 액티비티를 드래그해 디자이너 패널 '⊕ 여기에 액티비티 놓기'에 놓습니다.

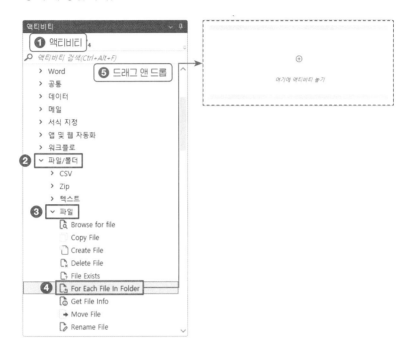

04 [폴더 내] 옵션–[폴더 탐색] 버튼을 클릭한 후, '폴더 선택' 대화상자에서 [Sample] 폴더–[Ch3_1] 폴더–[Data] 폴더를 선택하고 [폴더 선택] 버튼을 클릭합니다.

> **TIP** 이번 실습에서는 폴더 내 파일을 불러온 다음 파워포인트로 반복 작업을 할 것입니다. 먼저 폴더에서 파일 리스트 정보를 가져와 반복하는 작업을 먼저 만들어 두는 것이 필요합니다.

05 [필터링 기준] 옵션에서 ⊕ 버튼–[텍스트]를 클릭하고, '텍스트 빌더' 대화상자에 '*.pptx'를 입력하여 파워포인트 파일만 읽어 오도록 필터를 걸어 주고 [저장] 버튼을 클릭합니다.

06 [액티비티] 그룹-[PowerPoint] 옵션-[Use PowerPoint Presentation] 액티비티를 드래그해 [1. For Each File In Folder] 액티비티 내부 '⊕ 여기에 액티비티 놓기'에 놓습니다.

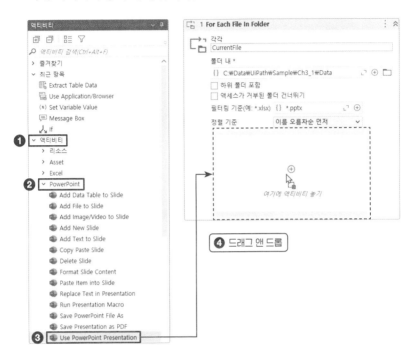

07 [1.1 Use PowerPoint Presentation] 액티비티 [PowerPoint 파일] 옵션의 ⊕ 버튼-[**텍스트**]를 클릭합니다. '텍스트 빌더' 대화상자에 [Result] 폴더의 폴더 경로를 입력하고, 뒤에 '\Result.pptx'를 추가로 입력한 후 [**저장**] 버튼을 클릭합니다.

> **TIP** [액티비티] 그룹의 [PowerPoint] 옵션에는 변경 내용을 저장하는 액티비티가 없습니다. 이는 [Use PowerPoint Presentation] 액티비티의 [변경 내용 저장] 옵션을 체크하면 내용이 자동으로 저장되기 때문입니다.

08 파일을 취합할 결과 파일 설정하기 [액티비티] 그룹-[PowerPoint] 옵
션-[Use PowerPoint Presentation] 액티비티를 드래그해 [1.1 Use
PowerPoint Presentation] 액티비티 내부 '⊕ 여기에 액티비티 놓기'에
놓습니다.

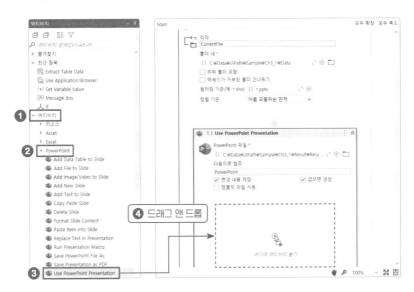

09 [PowerPoint 파일] 옵션에서 ⊕ 버튼-[CurrentFile]-[전체 이름(전체 경로
포함)]을 클릭합니다.

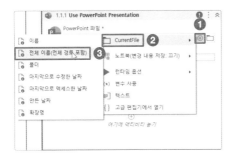

10 [1.1 Use PowerPoint Presentation] 액티비티와 [1.1.1 Use PowerPoint Presentation] 액티비티의 [다음으로 참조] 옵션을 각각 'PowerPoint'와 'PowerPoint2'에서 'ResultPPT'와 'DataPPT'로 변경합니다.

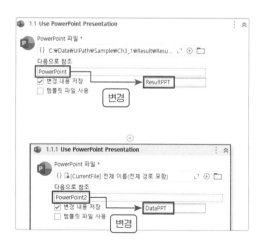

📧 불러온 파일을 취합하는 반복 동작 설정하기

여러 개의 파워포인트 파일을 하나의 파일로 취합해 보겠습니다. 하나의 파일을 불러온 후, 다음 파일에 붙여 넣는 반복 동작을 설정해야 합니다.

액티비티 흐름 파악하기

1. For Each File in Folder-1.1 Use PowerPoint Presentation-1.1.1 Use PowerPoint Presentation-1.1.1.1 Repeat Number Of Times-1.1.1.1.1 Copy Paste Slide

01 반복할 횟수 설정하기 [액티비티] 그룹-[공통] 옵션-[컨트롤] 옵션-[Repeat Number Of Times] 액티비티를 드래그해 [1.1.1 Use PowerPoint Presentation] 액티비티 내부 '⊕ 여기에 액티비티 놓기'로 놓습니다.

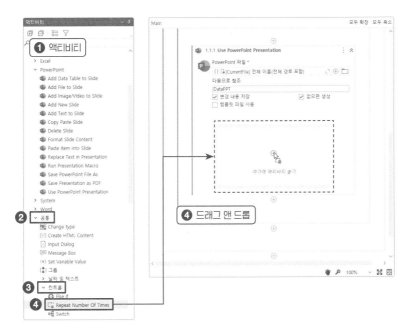

02 [반복 횟수] 옵션의 ⊕ 버튼-[고급 편집기에서 열기]를 클릭합니다. 여기 서 반복할 동작은 예제 파일의 슬라이드를 하나하나 반복, 복사하여 [Result PPT.pptx] 파일에 이어 붙이는 것입니다.

> **TIP** UiPath StudioX에서는 여러 장의 슬라이드를 한 번에 복사하는 기능이 없습 니다. 한 장씩만 작업이 가능하므로 번거롭더라도 반복 작업을 해야 합니다.

03 '표현식 편집기' 대화상자에서 [변수 사용] 버튼을 클릭하고 [DataPPT]- [Slide]-[Count]를 클릭합니다. 대화상자에 'DataPPT.Slide. Count'가 입력되면 [저장] 버튼을 클릭합니다.

04 반복할 슬라이드 설정하기 [액티비티] 그룹-[PowerPoint] 옵션-[Copy Paste Slide] 액티비티를 드래그해 [1.1.1.1 Repeat number Of Times] 액티비티 내부 '⊕ 여기에 액티비티 놓기'로 놓습니다.

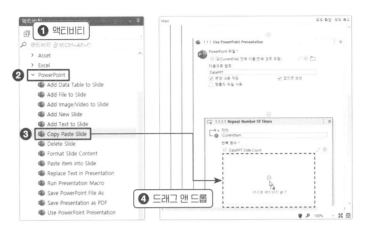

05 순서대로 [소스 프레젠테이션] 옵션에 ⊕ 버튼-[DataPPT], [복사할 슬라이드] 옵션에 ⊕ 버튼-[CurrentItem], [대상 프레젠테이션] 옵션에 ⊕ 버튼-[ResultPPT]를 클릭합니다.

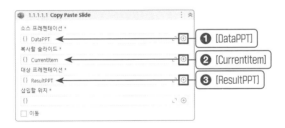

06 [삽입할 위치] 옵션의 ⊕ 버튼–[고급 편집기에서 열기]를 클릭하면 '표현식 편집기' 대화상자가 나타납니다.

07 '표현식 편집기' 대화상자에서 다시 [변수 사용]–[ResultPPT]–[Slide]– [Count]를 선택합니다. 대화상자에 'ResultPPT.Slide.Count'가 입력되면 한 칸 띄우고 '+1'을 입력한 후에 [저장] 버튼을 클릭합니다.

08 [실행] 버튼을 클릭합니다. [Result.pptx] 파일에 총 6장의 슬라이드가
모인 것을 확인할 수 있습니다.

여러 워드 파일의 단어를 한 번에 바꾸기

예제 파일 [Ch3_2] 폴더–[Dictionary.xlsx]
[UiPath_Word 샘플1.docx] [UiPath_Word 샘플2.docx]

문서를 작성하다 보면 가끔 문서에서 특정 용어를 한 번에 바꿔야 하는 일이 생깁니다. 이럴 때는 보통 파일을 열어 **[찾기 및 바꾸기]**에서 **[모두 바꾸기]**를 하면 비교적 쉽게 변경이 가능한데요. 가끔 아래의 2가지 경우가 겹치게 되면 반복 작업이 많아지고, 업무가 까다로워집니다.

- 여러 단어를 [찾기 및 바꾸기]를 해야 할 때
- 여러 파일에 대해서 [찾기 및 바꾸기]를 반복해야 할 때

이때 엑셀 파일에 바꾸고자 하는 여러 단어들을 넣고, 실행을 눌렀을 때 이 단어들을 워드 파일 안에서 자동으로 바꿔 주는 자동화를 만들어 보겠습니다. 과정을 순서도로 표현하면 다음과 같이 정리할 수 있습니다.

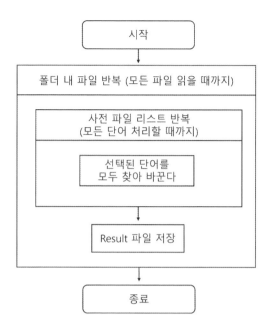

엑셀과 워드 파일 불러오기

예제 파일을 다운로드하고 UiPath StudioX에 불러오겠습니다.

액티비티 흐름 파악하기

1. Use Excel File-1.1 For Each File In Folder-1.1.1 Use Word File-1.1.1.1 For Each Excel Row

01 실습 준비하기 실습을 위해 우선 예제 파일을 저장할 폴더를 만들겠습니다. [Sample] 폴더 안에 [Ch3_2] 폴더를 만들고, 그 안에 [Data] 폴더와 [Result] 폴더를 추가로 만듭니다. [Ch3_2] 폴더에 [Dictionary.xlsx] 파일을 저장하고, [Data] 폴더에는 다운로드한 2개의 워드 파일을 저장하겠습니다.

02 폴더를 만들었으면 이제 새 태스크를 만들어 보겠습니다. 홈 화면에서 [새로 만들기]–'빈 태스크'를 누릅니다. '빈 태스크' 대화상자의 [이름] 옵션에 '3_2 워드 여러단어 바꾸기'를 적고, [위치] 옵션에 'WCh 3'를 입력한 후 [만들기] 버튼을 클릭합니다.

03 엑셀 파일 불러오기 [액티비티] 그룹-[리소스] 옵션-[Use Excel File] 액티비티를 드래그하여 디자이너 패널 '⊕ 여기에 액티비티 놓기'에 놓습니다.

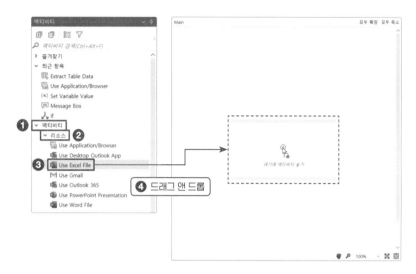

04 [Excel 파일] 옵션-[폴더 탐색] 버튼을 클릭한 후, [Sample] 폴더-[Ch3_2] 폴더에서 [Dictionary.xlsx] 파일을 선택하고 [열기]를 클릭합니다.

05 워드 파일 불러오기 [액티비티] 그룹-[파일/폴더] 옵션-[파일] 옵션-[For Each File In Folder] 액티비티를 드래그해 [1. use Excel File] 내부의 [⊕ 여기에 액티비티 놓기]에 놓습니다.

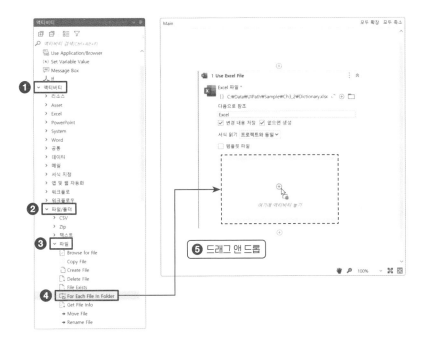

06 [폴더 내] 옵션-[폴더 탐색] 버튼을 클릭합니다. [Ch3_2] 폴더의 [Data] 폴

더를 선택하고, [폴더 선택] 버튼을 클릭합니다.

> **TIP** 지정한 폴더 안의 파일들을 하나씩 읽어 [1.1 For Each File In Folder] 내부
> 에 구성되는 액티비티를 반복 실행하게 됩니다.

07 [액티비티] 그룹-[Word] 옵션-[Use Word File] 액티비티를 드래그해

[1.1 For Each File In Folder] 내부의 '⊕ 여기에 액티비티 놓기'에 놓습

니다.

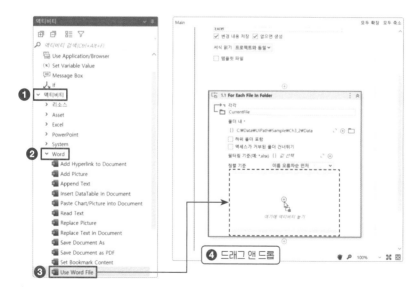

08 [변경 내용 저장] 옵션에 체크를 해제합니다. [Word 파일] 옵션-⊕ 버튼-[CurrentFile]-[전체 이름(전체 경로 포함)]을 클릭합니다.

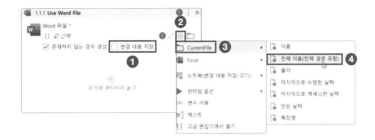

> **TIP** 작업 중인 워드 파일을 [Data] 폴더에 저장하는 것이 아닌, 작업 완료된 파일을 [Result] 폴더에 별도로 저장할 것이므로 [1.1.1 Use Word File] 액티비티의 [변경 내용 저장] 옵션에 체크를 해제합니다.

09 반복문 설정하기 [액티비티] 그룹–[Excel] 옵션–[범위] 옵션–[For Each Excel Row] 액티비티를 드래그해 [1.1.1 Use Word File] 내부의 '⊕ 여기에 액티비티 놓기'로 놓습니다.

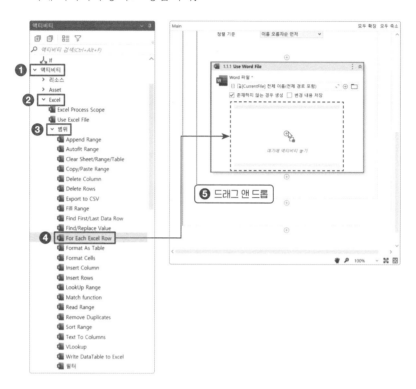

10 [Dictionary.xlsx] 파일 첫 줄에 머리말이 들어 있으므로 [헤더 포함] 옵션을 체크합니다.

> **TIP** UiPath StudioX에서 엑셀 데이터를 불러올 때는 첫 줄 데이터부터 정보를 가져옵니다. 파일이 첫 행에 머리글이 들어있는 구조인 경우 [헤더 포함] 옵션에 체크하면 이후 프로세스를 만들 때 변수처럼 활용이 가능합니다.
>
> UiPath StudioX를 이용하여 프로세스를 만들기 전에 자동화에 활용할 데이터, 특히 기준 정보를 포함하고 있는 데이터는 이와 같은 규칙들을 잘 지켜 만들어 두면 이후 작업이 용이합니다.

11 [범위 내] 옵션의 ⊕ 버튼–[Excel]–[Sheet1]을 클릭합니다.

Ui 반복 동작 설정하기

워드 파일에 수정할 내용을 반복해 찾아 바꿀 수 있도록 액티비티를 설정해 보겠습니다.

액티비티 흐름 파악하기

1. Use Excel File-1.1 For Each File In Folder-1.1.1 Use Word File-1.1.1.1 For Each Excel Row-1.1.1.1.1 Replace Text in Document-1.1.1.2 Save Document As

01 워드 파일 내용 수정하기 [액티비티] 그룹-[Word] 옵션-[Replace Text in Document] 액티비티를 드래그해 [1.1.1.1 For Each Excel Row] 내부 '⊕ 여기에 액티비티 놓기'에 놓습니다.

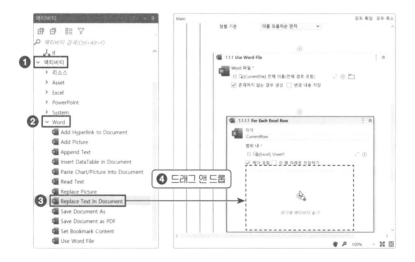

02 [검색 대상] 옵션은 ⊕ 버튼–[CurrentRow]–[바뀔단어]를, [바꿀 내용] 옵션
은 ⊕ 버튼–[CurrentRow]–[바꿀단어]를 클릭합니다.

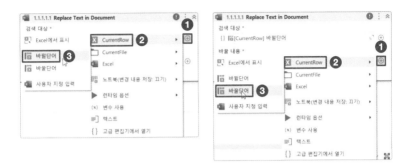

> **TIP** [CurrentRow] 옵션의 이름은 [1.1.1.1 For Each Excel Row] 액티비티의
> [각각] 옵션에 적혀 있는 'CurrentRow'라는 이름을 그대로 가져온 것입니다. 유사한
> 이름이 많이 사용될 때는 헷갈리지 않게 반복문이 시작될 때마다 [각각] 옵션에서 이름
> 을 구분해 주는 것이 좋습니다.

03 결과 파일 저장하기 [액티비티] 그룹–[Word] 옵션–[Save Document
As] 액티비티를 드래그해 [1.1.1.1 For Each Excel Row] 액티비티 아
래 ⊕로 놓습니다.

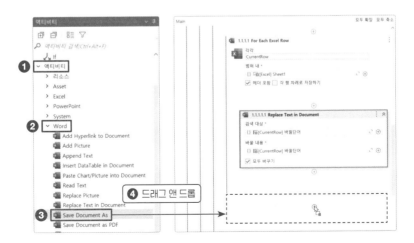

> **TIP** [Save Document As] 액티비티를 [1.1.1.1 For Each Excel Row] 액티비티 내부의 ⊕로 드래그해도 자동화를 실행할 수 있습니다. 하지만 이 경우 단어를 한 번 바꿀 때마다 한 번씩 저장을 하기 때문에 속도가 느려지는 문제가 발생할 수 있습니다. 이 문제를 피하기 위해 [1.1.1.1 For Each Excel Row] 액티비티 밖 ⊕로 [Save Document As] 액티비티를 배치해 엑셀 반복문이 완료되고 난 후 한 번만 동작하게 만드는 것입니다.
>
> UiPath StudioX에서는 액티비티 배치가 동작과 속도에 있어서 매우 큰 영향을 미칩니다. 그렇기 때문에 정확한 위치에 정확한 액티비티를 배치하는 것이 매우 중요합니다.

04 [파일로 저장] 옵션의 ⊕ 버튼-[텍스트]를 클릭합니다. [Result] 폴더에서 폴더 위 '주소 표시줄'을 클릭하고 [Ctrl]+[C]를 눌러 경로를 복사합니다.

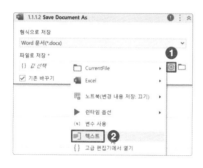

05 '텍스트 빌더' 대화상자에 [Ctrl]+[V]를 눌러 경로를 붙여 넣은 후 바로 뒤에 '₩'를 입력합니다. 그 다음 우측 ⊕ 버튼–[CurrentFile]–[이름]을 클릭합니다.

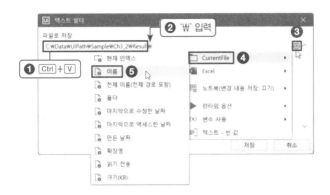

06 '₩' 뒤에 옅은 회색 음영 표시된 [CurrentFile 이름]이 추가된 것을 볼 수 있습니다. [저장] 버튼을 클릭합니다.

07 [실행] 버튼을 클릭합니다. [Result] 폴더에 2개의 워드 파일이 생성된 것을 볼 수 있고, 각각의 파일을 살펴보면 엑셀 파일에 입력한 대로 단어들이 바뀐 것을 확인할 수 있습니다.

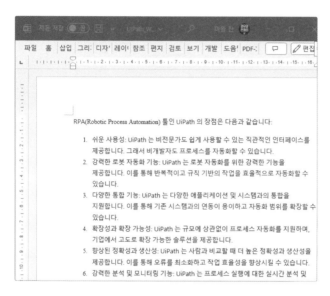

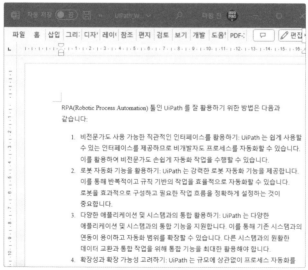

03

파워포인트 슬라이드
한 번에 입력하기

예제 파일 [Ch3_3]-[PPT양식.pptx]
[프라하성.jpg] [콜로세움.png] [어부의요새.jpg]
[얀후스동상.jpg] [성 베르도 성당.png] [국회의사당.jpg]
[FileList_Final.xlsx]

여행지를 설명하는 파워포인트 자료를 만들어야 하는 일이 있을 때, 미리 만들어 놓은 파워포인트 양식에 맞춰 슬라이드 복사, 이미지 삽입, 정보 입력 등을 한 장 한 장 작업한다면 작업량이 많아지게 됩니다. 아쉽게도 여행지 정보는 직접 작성해야 하지만, UiPath의 힘을 빌려 반복 작업을 줄여 보겠습니다.

이번 예제는 두 단계로 나누어서 일을 진행해 보겠습니다. 순서도를 그리는 것이 익숙하지 않다면, 이렇게 자동화 구현 과정을 단계로 나누어 정리하는 방법도 있습니다.

- 파워포인트 파일에 입력할 정보를 엑셀로 일목요연하게 정리하고
- 엑셀의 내용을 파워포인트 내 정해진 위치에 정확하게 입력하는 작업을 자동화

Ui 입력할 정보를 엑셀에 정리하기

엑셀 파일에 정보를 일목요연하게 정리해 놓아야 파워포인트에 정보를 입력하기 수월해집니다. 이번 예제에서는 엑셀의 기능인 '파워 쿼리'를 활용해 엑셀을 정리해 보겠습니다.

01 실습 준비하기 실습을 위해 우선 예제 파일을 저장할 폴더를 만들겠습니다. [Sample] 폴더 안에 [Ch3_3] 폴더를 만들고, 그 안에 [IMGData] 폴더, [ListData] 폴더, [Result] 폴더를 추가합니다.

02 [Ch3_3] 폴더에 [PPT양식.pptx] 파일을 저장합니다. [Ch3_3] 폴더 안의 [IMGData] 폴더에는 미리 다운로드한 6개의 PNG 파일을 저장하고, [ListData] 폴더에는 [FileList_Final.xlsx] 파일을 저장합니다.

03 파워 쿼리 활용해 엑셀 정리하기 파워포인트에 입력할 정보를 엑셀에 정리해 보겠습니다. [Ch3_3] 폴더에 [마우스 우클릭]–[새로 만들기]–[스프레드시트 문서]를 클릭해 새로운 엑셀 파일을 만듭니다. 그리고 [새 스트레드시트.xlsx] 파일을 선택해 [마우스 우클릭]–[속성]을 열어 파일 이름을 '엑셀양식'으로 수정합니다.

04 엑셀 파일에서 리본 메뉴의 [데이터] 탭-[데이터 가져오기 및 변환] 그룹에서 [데이터 가져오기]-[파일에서]-[폴더에서]를 선택하고, '찾아보기' 대화상자에서 [IMGData] 폴더를 찾아 선택한 후 [열기] 버튼을 클릭합니다.

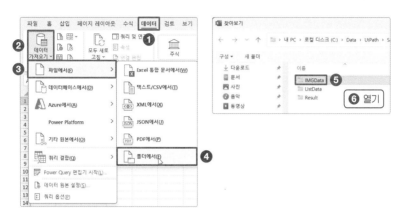

> **TIP** [데이터 가져오기]는 엑셀 '파워 쿼리' 기능의 일부입니다. 파워 쿼리는 엑셀 2013 이후 버전에 기본적으로 설치, 제공되고 있으며, 2010 버전의 경우에는 추가기능 설치를 통해 사용할 수 있습니다.

05 대화상자가 나타나면 리스트 정보를 확인하고 [로드] 버튼을 클릭합니다.

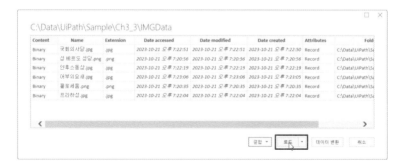

06 우측 '쿼리 및 연결' 패널을 닫습니다. 그리고 [B~E] 열을 드래그하고 [마우스 우클릭]–[삭제]를 클릭합니다.

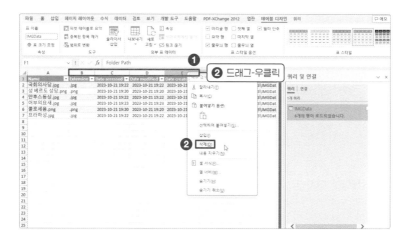

07 [A] 열 옆에 새로운 열을 추가하겠습니다. [A] 열을 선택하고 [마우스 우클릭]–[삽입]을 선택합니다.

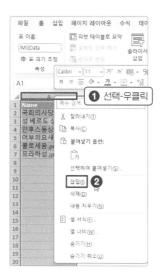

08 추가된 [A1] 셀에 '이미지'를 입력하고, [C1] 셀(Folder Path) 옆 나머지 [D1] 셀, [E1] 셀, [F1] 셀에 각각 '국가n도시', '장소', '설명'을 입력합니다.

09 [테이블 디자인] 탭–[속성] 그룹–[표 크기조정]을 선택하고, '표 크기 조정' 대화상자가 나타나면 '표의 새 데이터 범위 선택' 범위를 [$A$1:$F$7]로 수정합니다.

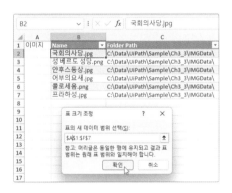

TIP 기본적으로 '파워 쿼리'는 데이터를 '표'로 반환하도록 설정되어 있습니다. 다만, 실습에서 추가한 [A] 열처럼 표 범위의 왼쪽에 값이 추가될 때는 자동으로 표 범위가 확장되지 않습니다.

10 아래 그림처럼 [A] 열에 사진이 들어가도 어색하지 않도록 [A2] 열부터 [A7] 열까지 [행 높이]를 넓게 조정하고, 각 열의 [열 너비]도 텍스트가 모두 보이도록 조정합니다.

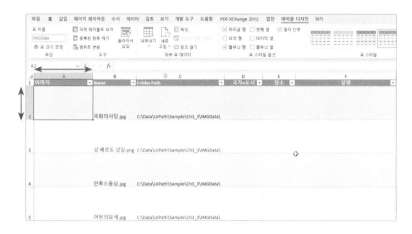

11 [A2] 셀을 선택한 상태에서 리본 메뉴의 [삽입] 탭-[일러스트레이션] 그룹에서 [그림]-[셀에 배치]-[이 디바이스]를 클릭합니다.

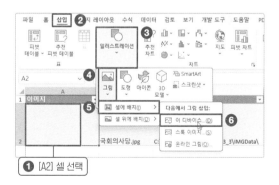

12 '그림 삽입' 대화상자가 열리면 앞서 다운로드한 이미지 파일들을 선택한
후 [**삽입**] 버튼을 클릭합니다. 표에 이미지를 삽입한 후, 사진과 이름이
일치하는지 확인합니다.

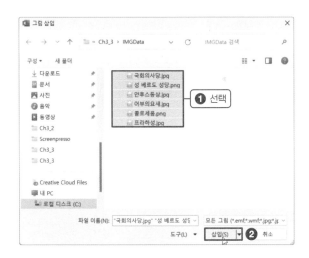

> **TIP** 파워 쿼리에서 폴더 내 파일 리스트를 가져오거나, 한 번에 여러 이미지를 가져올
> 때 기본적으로 파일명의 오름차순 기준으로 정보를 가져옵니다. 따라서 별도 설정을 건
> 드리지 않는 이상 파워 쿼리에서 불러온 파일 리스트와 한 번에 삽입한 이미지는 순서가
> 동일합니다.
>
> 하지만 파일이 누락되면 파일 리스트와 이미지의 순서가 불일치할 수도 있으니 확인해
> 보는 자세가 필요합니다.

13 [ListData] 파일에 저장해 놓았던 [FileList_Final.xlsx] 파일에서 [D2:F7] 범위를 드래그해서 선택한 후 Ctrl+C를 눌러 복사합니다. 다시 진행 중인 엑셀 파일로 돌아와 [D2:F7] 열에 Ctrl+V를 눌러 필요한 정보를 채워 넣고 Ctrl+S를 눌러 저장합니다.

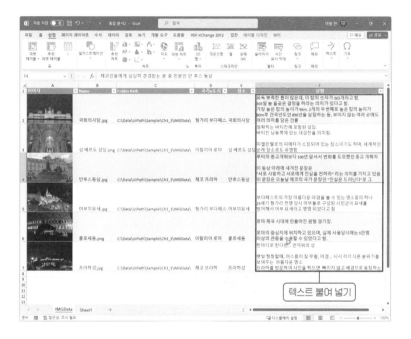

> **TIP** 업무 자동화를 구현할 때는 사전에 업무를 정의하고, 작업할 문서와 자료를 표준화하는 준비 작업이 철저하게 이루어져야 합니다.

ⓤ 엑셀 내용을 파워포인트에 자동으로 입력하기

이제 엑셀 내용이 파워포인트에 자동으로 입력되도록 액티비티를 배치해 보겠습니다.

개체 이름 설정하고, 자동화에 사용할 파일 불러오기

먼저 UiPath StudioX에서 쉽게 활용할 수 있도록 파워포인트 '선택' 패널에서 개체 이름을 설정합니다. 그리고 작성한 파일들을 UiPath StudioX에 불러오겠습니다.

액티비티 흐름 파악하기

1. Use PowerPoint Presentation–1.1 Use Excel File–1.1.1 For Each Excel Row

01 [Ch3_3] 파일에서 [PPT양식.pptx] 파일을 실행한 후 리본 메뉴에서 [홈] 탭-[편집] 그룹에서 [선택]-[선택 창]을 클릭하면 파워포인트 우측에 '선택' 패널이 나타납니다.

02 '선택' 패널에서 개체명을 눌러 선택한 후, 같은 개체를 한 번 더 클릭해 개체명을 각각 '국가n도시', '장소', '설명'으로 꾸고 Ctrl + S 를 눌러 저장합니다.

03 이제 새 태스크를 만들어 보겠습니다. 홈 화면에서 **[새로 만들기]–[빈 태스크]**를 누릅니다. '빈 태스크' 대화상자의 **[이름]** 옵션에 '3_3 파워포인트 자동화'를 적고, **[위치]** 옵션에 'WCh 3'를 입력한 후 **[만들기]** 버튼을 클릭합니다. **[Ch 3]** 폴더 안에 **[3_3 파워포인트 자동화]** 폴더가 생성됩니다.

04 [액티비티] 그룹–[리소스] 옵션–[Use PowerPoint Presentation] 액티비
티를 드래그해 디자이너 패널 '⊕ 여기에 액티비티 놓기'에 놓습니다.

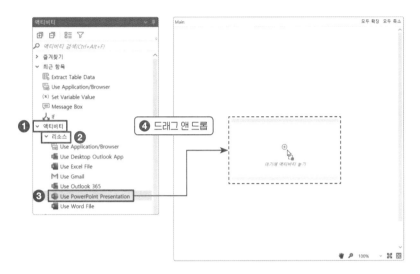

05 [변경 내용 저장] 옵션의 체크를 해제합니다. [PowerPoint 파일] 옵
선–[파일 탐색] 버튼을 클릭하고 '프레젠테이션 문서 선택' 대화상자에서
[Sample] 폴더–[Ch3_3] 폴더의 [PPT양식.pptx] 파일을 선택한 후 [열
기] 버튼을 클릭합니다.

06 [액티비티] 그룹-[리소스] 옵션-[Use Excel File] 액티비티를 드래그해 [1. Use PowerPoint Presentation] 액티비티 내부 '⊕ 여기에 액티비티 놓기'에 놓습니다.

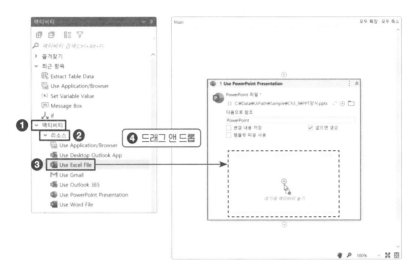

07 [Excel 파일] 옵션-[파일 탐색] 버튼을 클릭합니다. [Sample] 폴더- [Ch3_3] 폴더의 [엑셀양식.xlsx] 파일을 선택하고 [열기] 버튼을 클릭합니다.

08 [액티비티] 그룹–[Excel] 옵션–[범위] 옵션–[For Each Excel Row] 액티
비티를 드래그해 [1.1 Use Excel File] 액티비티 내부 '⊕ 여기에 액티비
티 놓기'에 놓습니다.

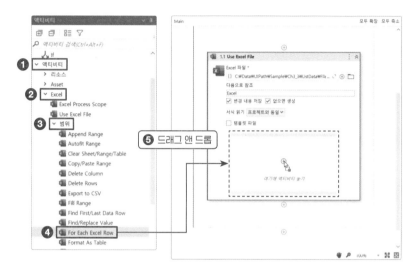

09 [1.1.1 For Each Excel Row] 액티비티 [헤더 포함] 옵션을 체크하고, [범위 내] 옵션의 ⊕ 버튼–[Excel]–[IMGData [시트]]–[IMGData [테이블]]을 클릭합니다.

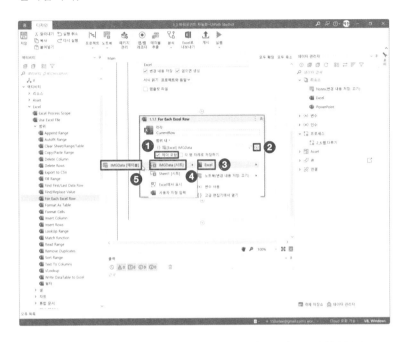

TIP 이번 실습에서 엑셀로 만든 리스트는 파워 쿼리를 활용하여 만들었기 때문에 자동으로 표로 정의되었습니다. 표로 정의된 데이터는 표로 설정된 범위가 고유의 이름을 갖고 관리됩니다. 일반적인 엑셀 파일(표로 설정된 범위가 없는 엑셀 파일)을 다룰 때 UiPath StudioX에서는 시트를 선택한 다음, 정확한 셀 주소를 입력하는 형식으로 데이터를 가져옵니다. 반면, 시트 내에 표가 포함되어 있을 경우에는 시트 → 표 순서로 접근하여 보다 정확하게 데이터 범위를 한정하며 접근할 수 있습니다.

특히, 이번에 사용된 [For Each Excel Row] 액티비티의 경우 표 범위에 대해서 실행할 때는 표의 첫 번째 행의 이름(머리글 행)이 하나의 변수로 활용되기 때문에 반복문 내부에 들어가는 액티비티에서 동작을 지정하기 유리합니다.

데이터를 입력할 위치 지정하기

앞서 파워포인트에서 개체 이름을 설정하였습니다. 데이터를 자동으로 입력하기 위해서는 이 개체 이름을 활용해 UiPath StudioX에 데이터를 입력할 위치를 지정해 주어야 합니다.

01 [액티비티] 그룹-[PowerPoint] 옵션-[Copy Paste Slide] 액티비티를 드래그해 [1.1.1 For Each Excel Row] 액티비티 내부 '⊕ 여기에 액티비티 놓기'에 놓습니다.

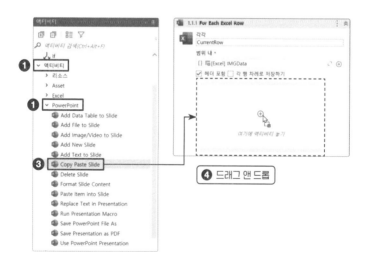

196

02 순서대로 [**소스 프레젠테이션**] 옵션의 ⊕ 버튼–[PowerPoint], [**대상 프레젠**
테이션] 옵션의 ⊕ 버튼–[PowerPoint]를 클릭합니다.

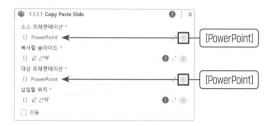

03 [**복사할 슬라이드**] 옵션의 ⊕ 버튼–[**숫자**]를 선택한 후, '숫자 계산' 대화상
자에 '1'을 입력합니다.

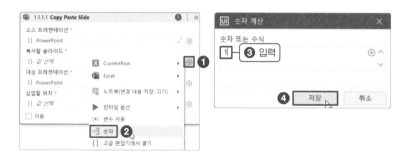

04 마지막으로 [삽입할 위치] 옵션의 ⊕ 버튼-[고급 편집기에서 열기]를 클릭합니다.

05 [변수 사용] 버튼을 누르고 [Use PowerPoint Presentation]-[PowerPoint]-[Slide]-[Count]를 선택합니다. 대화상자에 변수 'PowerPoint.Slide.Count'가 입력되면 한 칸 띄운 다음 '+1'을 입력하고 [저장]을 클릭합니다.

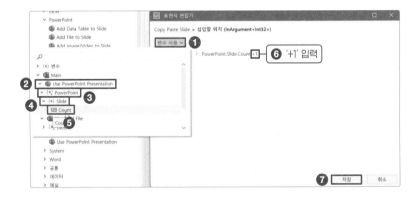

> **TIP** '+1'은 '현재 슬라이드 숫자 +1' 위치에 슬라이드를 복사해 넣겠다는 의미입니다. 즉, 마지막 슬라이드에 슬라이드를 하나 추가해서 붙여 넣겠다는 것입니다.

06 [액티비티] 그룹–[PowerPoint] 옵션–[Add Image/Video to Slide] 액티비티를 드래그해 [1.1.1.1 Copy Paste Slide] 내부 '⊕ 여기에 액티비티 놓기'에 놓습니다.

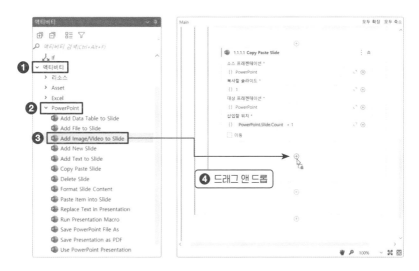

07 [콘텐츠 자리 표시자] 옵션의 ⊕ 버튼–[프레젠테이션]–[Slide 1]–[삽입이미지[사진]]을 클릭합니다.

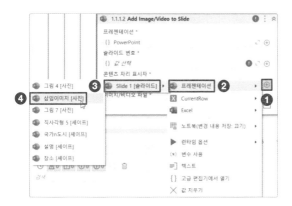

TIP [콘텐츠 자리 표시자] 옵션을 보면 앞서 파워포인트 파일 '선택' 패널에서 수정한 개체명이 UiPath StudioX에 그대로 적용되고 있음을 알 수 있습니다.

08 [슬라이드 번호] 옵션에 '1'이 입력되어 있다면 ⊕ 버튼–[**값 지우기**]를 클릭합니다. '1'을 삭제한 후, ⊕ 버튼–[**고급 편집기에서 열기**]를 클릭합니다.

09 '표현식 편집기' 대화상자에서 [**변수 사용**] 버튼을 클릭하고 [Use PowerPoint Presentation]–[PowerPoint]–[Slide]–[Count]를 선택한 후 [**저장**]을 클릭합니다.

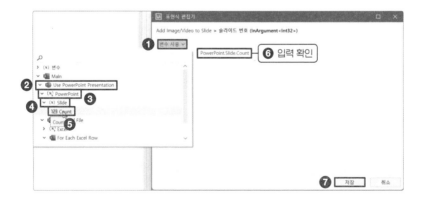

10 마지막으로 [이미지/비디오 파일] 옵션의 ⊕ 버튼–[텍스트]를 클릭합니다.

11 '텍스트 빌더' 대화상자에서 우측 ⊕ 버튼을 클릭하고 [CurrentRow]– [Folder Path]를 클릭합니다. 다시 한번 ⊕ 버튼을 클릭하고 [Current Row]–[Name]을 선택한 후 [저장] 버튼을 클릭합니다.

파워포인트에 자동으로 데이터 입력 저장하기

마지막으로 파워포인트에 데이터를 입력하고, 슬라이드를 자동으로 추가한 후 결과 파일을 자동으로 저장하는 과정을 만들어 보겠습니다.

01 [액티비티] 그룹-[PowerPoint] 옵션-[Add Text to Slide] 액티비티를 드래그해 [1.1.1.2 Add Image/Video to Slide] 액티비티 바로 아래 ⊕ 에 놓습니다.

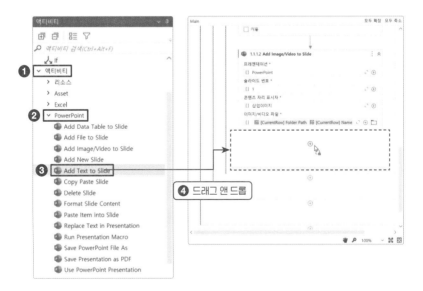

202

02 [슬라이드 번호] 옵션은 ⊕ 버튼-[**고급 편집기에서 열기**]를 클릭하고 [**변수 사용**] 버튼-[Use PowerPoint Presentation]-[PowerPoint]-[Slide]-[Count]를 선택한 후 [**저장**]을 클릭합니다.

03 [**콘텐츠 자리 표시자**] 옵션의 ⊕ 버튼-[**프레젠테이션**]-[Slide 1]-[**국가n도시**]를 클릭합니다.

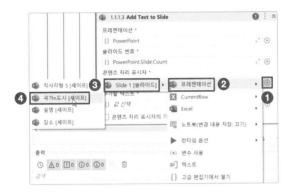

04 마지막으로 [**추가할 텍스트**] 옵션은 ⊕ 버튼–[CurrentRow]–[국가n도시]

를 선택하고, [**콘텐츠 자리 표시자의 기존 텍스트 지우기**] 옵션은 체크해 놓

습니다.

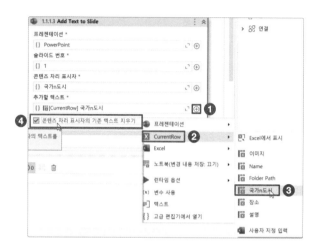

> **TIP** 옵션을 기입하다 보면 [슬라이드 번호] 옵션에 기입한 변수가 '1'로 수정되는 경
> 우가 있습니다. 이 경우 앞서서와 같이 ⊕ 버튼–[값 지우기]를 선택해 '1'을 삭제하고,
> 다시 값을 입력해 주세요.

05 같은 방법으로 [Add Text To Slide] 액티비티를 두 번 추가하여 [콘텐츠 자리 표시자] 옵션, [추가할 텍스트] 옵션에 '설명', '장소' 데이터를 입력합니다.

06 [액티비티] 그룹-[PowerPoint] 옵션-[Delete Slide] 액티비티를 드래그해 [1.1.1 For Each Excel Row] 액티비티 아래 ⊕에 놓습니다.

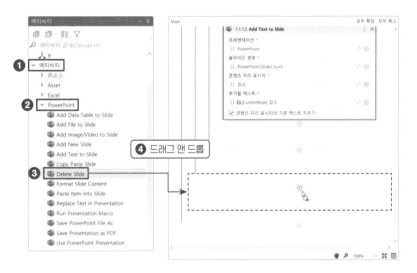

07 [슬라이드 번호] 옵션의 ⊕ 버튼–[숫자]를 클릭하고 '숫자 계산' 대화상자에 '1'을 입력합니다.

08 [액티비티] 그룹–[PowerPoint] 옵션–[Save PowerPoint File As] 액티비티를 드래그해 [1.2 Delete Slide] 아래 ⊕에 놓습니다.

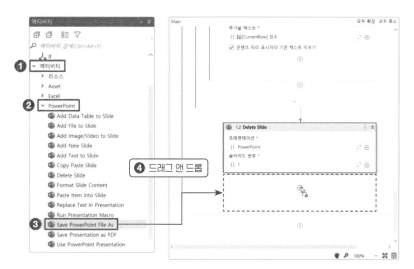

09 [파일로 저장] 옵션에서 폴더 모양의 [프레젠테이션 파일의 전체경로입니다] 옵션을 클릭합니다.

10 [Result] 폴더에서 [파일 이름] 옵션에 'Result'를 입력한 후 [열기] 버튼을 클릭합니다.

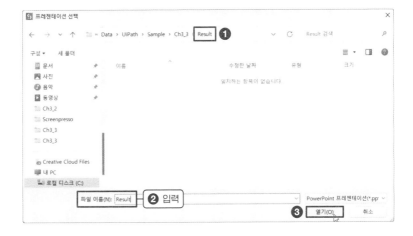

11 [실행] 버튼을 누릅니다. [Result] 폴더에 최종 결과 파일이 저장된 것을 볼 수 있습니다. [Result.pptx] 파일을 열면 이미지들과 설명이 정해진 위치에 맞춰 자동으로 완성되어 있는 것을 볼 수 있습니다.

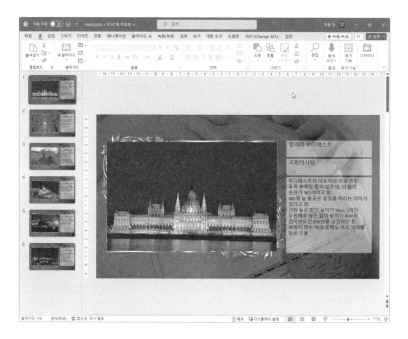

04

환율 정보를 매일 자동으로 정리, 보고하기

이번 실습에서는 웹페이지에서 매일 업데이트되는 환율 정보를 크롤링한 후 UiPath StudioX를 활용해 자동으로 엑셀에 정리하고, 이를 담당자들에게 자동으로 메일까지 방송하는 기능을 만들어 보겠습니다.

이번 예제는 3단계로 나누어 작업할 예정입니다.

- 환율에 대한 정보를 제공하는 사이트에서 환율 정보를 찾아 크롤링하고
- 일자별 환율 변화를 요약한 엑셀 파일을 만든 다음에
- 담당자들을 수신인으로 하여 자동 메일 발송

[Ui] [Use Application/Browser] 액티비티 활용하기

[Use Application/Browser] 액티비티를 활용해 UiPath StudioX에 데이터를 추출할 웹페이지를 지정해 보겠습니다.

액티비티 흐름 파악하기

1. Use Application/Browser−1.1 Extract Table Data

01 실습 준비하기 실습을 위해 새 태스크를 만들어 보겠습니다. 홈 화면에서 [새로 만들기]–[빈 태스크]를 누릅니다. '빈 태스크' 대화상자의 [이름] 옵션에 '3_4 매일 환율정보'를 적고, [위치] 옵션에 '₩Ch 3'를 입력한 후 [만들기] 버튼을 클릭합니다. [Ch 3] 폴더 안에 [3_4 매일 환율정보] 폴더가 생성됩니다.

02 하나은행 마이뱅크 홈페이지(https://www.mibank.me/index.php)에서 **[환율비교]−[은행별 환율]−[KEB하나은행]**을 클릭합니다.

03 **[액티비티]** 그룹−**[리소스]** 옵션−**[Use Application/Browser]** 액티비티를 드래그해 디자이너 패널 '⊕ 여기에 액티비티 놓기'에 놓습니다.

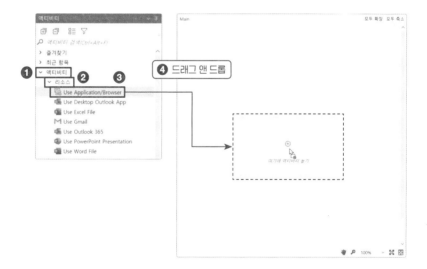

04 [1. Use Application/Browser] 액티비티 내부의 '자동화할 애플리케이션 표시(I)'를 클릭합니다.

05 UiPath StudioX가 최소화되고, 현재 실행 중인 프로그램 창이 연녹색으로 표시되면서 '클릭하여 브라우저 선택'이라는 문구가 표시됩니다. 마이뱅크 은행별 환율 페이지를 아무 곳이나 클릭합니다.

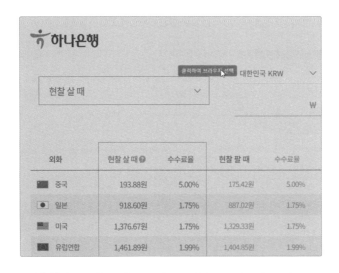

TIP 버튼 내부에 표시되는 내용은 사용했던 브라우저에 따라 다르게 표시될 수 있습니다. 이 책의 경우 '마이크로소프트 엣지'를 사용했기 때문에 'Edge'로 표시됩니다.

06 웹페이지에서 데이터 추출하기 마이뱅크 웹페이지에서 자동화에 필요한 환율 정보를 가져와 보겠습니다. **[액티비티]** 그룹-**[앱 및 웹 자동화]** 옵션-**[Extract Table Data]** 액티비티를 드래그해 **[1. Use Browser Edge]** 액티비티 내부의 '⊕ 여기에 액티비티 놓기'에 놓습니다.

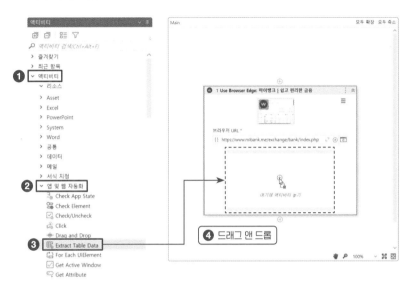

07 [1.1 Extract Table Data] 액티비티 내부의 **[표시할 애플리케이션]** 버튼을 클릭합니다. 앞서 **[브라우저 URL]** 옵션에 설정해 놓은 브라우저가 다시 열리고, '테이블 추출' 대화상자가 생성됩니다.

08 **[표시할 데이터 선택]** 버튼을 누르면, 마우스의 움직임에 따라 초록색 타겟 박스가 가리키는 영역이 바뀝니다. 타겟 박스가 아래와 같이 외화 정보 가 포함된 표 전체를 표시하게 되었을 때 마우스를 클릭합니다.

09 '테이블 추출' 대화상자에 여러 정보가 표시됩니다. 가장 첫 줄의 '외화'를 선택하고 **[미리 보기]** 버튼을 클릭합니다. '추출할 데이터의 개요를 미리 보십시오.' 대화상자에 표시된 정보를 확인하고 **[닫기]** 버튼을 클릭한 후, **[저장 및 닫기]** 버튼을 클릭합니다.

> **TIP** [1.1 Extract Table Data] 액티비티의 이미지를 [더블 클릭]하면 가져온 데이터를 다시 확인할 수 있습니다.

10 [1.1 Extract Table Data] 액티비티 [**다음으로 추출**] 옵션의 ⊕ 버튼–[**변수 만들기**]를 클릭합니다. '변수 만들기' 대화상자가 나타나면 [**변수에 이름 지정**] 옵션에 'ExchangeData'를 입력하고 [**확인**] 버튼을 클릭합니다.

> **TIP** '변수에 이름 지정' 대화상자에 넣는 변수 이름은 내가 잘 기억하고 잘 활용할 수 있는 이름이면 어떤 값으로 입력해도 무방합니다.

Ui 추출한 데이터를 엑셀 파일에 옮기기

UiPath StudioX를 활용해 매일 추출하는 데이터를 바로 엑셀 파일에 정리하는 자동화를 만들어 보겠습니다.

액티비티 흐름 파악하기

1. Use Application/Browser–1.1 Extract Table Data
2. Use Excel File–2.1 Write DataTable to Excel

---

01 **입력할 엑셀 파일 설정하기** 실습을 위해 우선 예제 파일을 저장할 폴더를 만들겠습니다. [Sample] 폴더 안에 [Ch3_4] 폴더를 만들고, 그 안에 새로운 엑셀 파일을 만든 후 [새 **스트레드시트**.xlsx] 파일 이름을 '환율정보.xlsx'으로 수정합니다.

02 [액티비티] 그룹–[리소스] 옵션–[Use Excel File] 액티비티를 드래그해 [1. Use Browser Edge] 액티비티 아래 ⊕로 놓습니다.

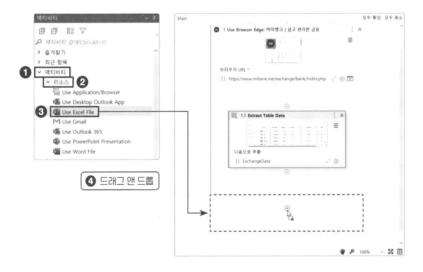

03 [Excel 파일] 옵션-[파일 탐색] 버튼을 클릭합니다. 'Excel 문서 선택' 대화상자에서 [Sample] 폴더-[Ch3_4] 폴더의 [환율정보.xlsx] 파일을 선택하고 [열기] 버튼을 클릭합니다.

> **TIP** 별도의 변수를 선언하고 변수에 필요한 데이터를 저장하고 난 다음에는 데이터의 출처가 되는 앱/브라우저 액티비티 상자 밖에서도 변수를 활용하여 작업이 가능합니다.

04 추출한 데이터 입력하기 [액티비티] 그룹-[Excel] 옵션-[범위] 옵션-
[Write DataTable to Excel] 액티비티를 드래그해 [2. Use Excel File]
액티비티 내부 '⊕ 여기에 액티비티 놓기'에 놓습니다.

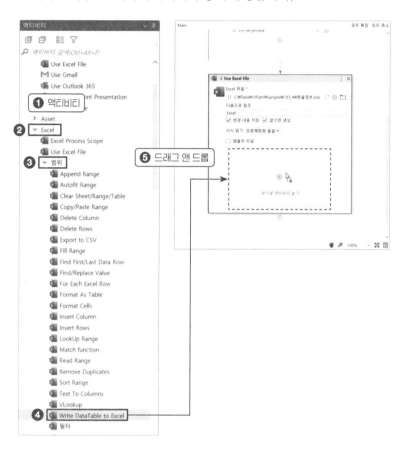

05 우선 [추가], [헤더 제외] 옵션은 체크를 해제합니다. 그리고 [쓰는 내용] 옵션의 ⊕ 버튼−[변수 사용]을 클릭하고, [변수]−[ExchangeData]를 선택합니다.

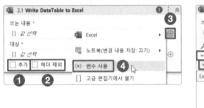 

06 [대상] 옵션의 ⊕ 버튼−[Excel]−[Sheet1 [시트]]를 클릭합니다.

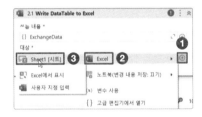

07 [실행] 버튼을 누릅니다. [환율정보.xlsx] 파일에 환율 정보가 모두 들어와 있는 것을 확인할 수 있습니다.

🔲 추출한 데이터를 매일 누적시키는 엑셀 파일 만들기

데이터 추출을 매일 진행할 경우, 담당자가 일자별 환율 변화를 쉽게 파악할 수 있도록 데이터를 하나의 파일에 누적시키는 경우가 많습니다. UiPath StudioX를 통해 이러한 작업을 모두 자동화할 수 있습니다.

엑셀 표 형태로 바꾸기

UiPath StudioX를 활용해 엑셀 파일에 추출한 데이터는 정리가 되어 있지 않아 눈에 잘 들어오지 않습니다. 우선은 추출한 데이터를 엑셀 표 형태로 정리해 보겠습니다.

01 먼저 [A1:O45] 범위를 선택한 후 Ctrl + T 를 누릅니다. '표 만들기' 대화

상자가 나타나면 [**확인**] 버튼을 클릭해 선택한 범위를 표 형태로 바꾸겠

습니다.

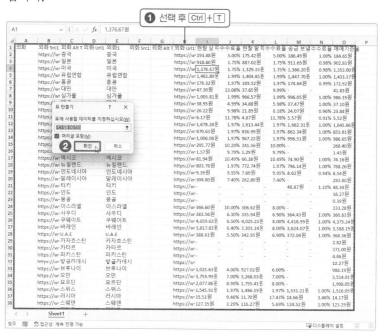

> **TIP** 여기서 데이터 영역을 표로 설정하는 이유는 이후 만들 피벗 테이블에서 사용하
> 기 편하게 하기 위해서입니다. 표로 범위가 설정이 되어 있을 경우에는 데이터가 추가
> 되더라도 범위를 자동으로 확장해서 잡아 주기 때문에 새로고침을 하기만 하면 변경된
> 데이터가 바로 반영됩니다.

02 [O] 열에 '원'이라는 글자가 붙어 문자로 인식됩니다. 이를 숫자로 인식하게 만드는 작업을 하겠습니다. 우선 [P1] 셀에 '매매기준율(숫자)'을 입력하고, [Q1] 셀에 '날짜'를 입력합니다.

03 [P2] 셀에 '=VALUE(SUBSTITUTE([@매매기준율],"원",""))'을 입력한 후 Enter 를 누릅니다. [P] 열 전체에 수식이 적용됩니다. [O] 열에 붙어 있었던 '원'이 사라지고 새로운 데이터가 입력됩니다.

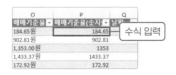

> **TIP** SUBSTITUTE 함수는 엑셀의 찾기 및 바꾸기 기능을 함수로 구현할 수 있는 함수입니다. 이 함수를 실행하면 [O] 열에서 '원'을 삭제한 값을 [P] 열에 출력합니다. 이때 [@매매기준율]이라는 표현은 머리글 '매매기준율'을 포함하는 [O] 열의 값을 모두 찾으라는 의미입니다.

04 완성한 파일을 [파일] 탭-[다른 이름으로 저장]을 눌러 이전에 만들어 놓은 [Ch3_4] 폴더에 '환율정보_누적'이라는 이름으로 저장합니다.

데이터를 한 파일에 누적시키고, 날짜 입력하기

[환율정보_누적.xlsx] 파일에 추출하는 데이터를 누적시키고, 당일의 날짜가 입력되도록 액티비티를 구성하겠습니다.

액티비티 흐름 파악하기

1. Use Application/Browser-1.1 Extract Table Data
2. Use Excel File-2.1 Write DataTable to Excel-2.2 For Each Excel Row-2.2.1 If-2.2.1.1 Write Cell

01 [3_4 매일 환율정보] 프로젝트로 돌아옵니다. [2. Use Excel File] 액티비티의 [파일 탐색] 버튼을 클릭하고 [환율정보_누적.xlsx] 파일을 선택한 후 [열기] 버튼을 클릭합니다.

02 [2.1. Write DatraTable to Excel] 액티비티 [대상] 옵션의 ⊕ 버튼-[Excel]-[Sheet1 [시트]]-[표1 [테이블]]을 선택하고, [추가] 옵션과 [해더 제외] 옵션은 모두 체크합니다.

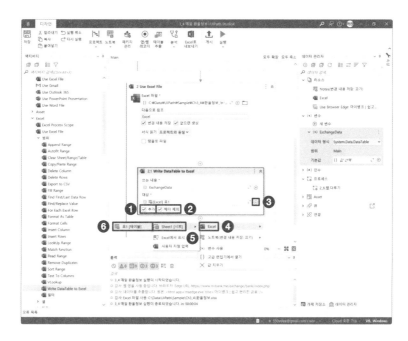

03 날짜 정보를 입력해 보겠습니다. **[액티비티]** 그룹–[Excel] 옵션–**[범위]** 옵
선–[For Each Excel Row] 액티비티를 드래그해 [2.1 Write DataTable
to Excel] 액티비티 바로 아래 ⊕에 놓습니다.

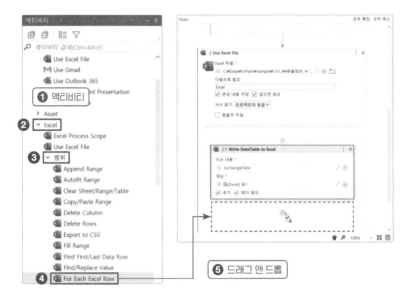

04 [2.2 For Each Excel Row] 액티비티 [범위 내] 옵션에서 ⊕ 버튼-[Excel]-[Sheet1 [시트]]-[표1[테이블]]을 클릭합니다. [헤더 포함] 옵션은 체크합니다.

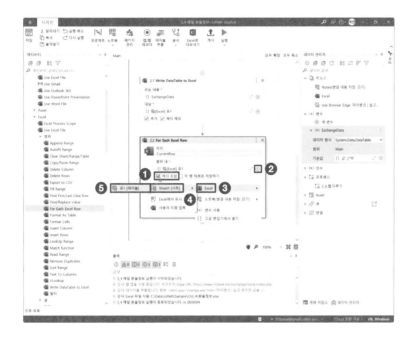

05 [액티비티] 그룹-[워크플로] 옵션-[If] 액티비티를 드래그해 [2.2 For Each Excel Row] 액티비티 내부의 '⊕ 여기에 액티비티 놓기'에 놓습니다.

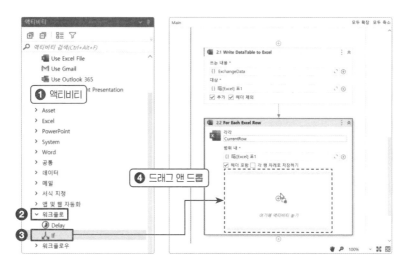

06 [2.2.1 If] 액티비티 [조건] 옵션의 오른쪽 [고급 편집기에서 열기] 버튼을 누르면 '조건 빌더' 대화상자가 나타납니다.

07 왼쪽 조건 박스의 ⊕ 버튼–[CurrentRow]–[날짜]를 클릭하고, 가운데 조
건은 '비어 있음'을 선택한 후 [추가] 버튼을 클릭합니다.

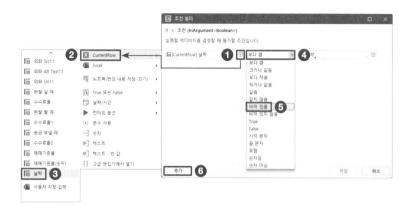

08 위의 추가 조건 옵션에서 '모두(AND) 조건 중 충족됨:'를 선택하고, 추
가된 왼쪽 조건 박스는 아래와 같은 방법으로 ⊕ 버튼–[CurrentRow]–
[매매기준율]을, 조건에는 [비어 있지 않음]을 선택한 후 [저장] 버튼을 클릭
합니다.

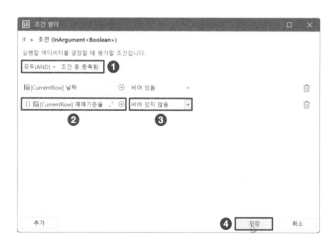

09 [액티비티] 그룹-[Excel] 옵션-[셀] 옵션-[Write Cell] 액티비티를 드래
그해 [2.2.1 If] 액티비티 [Then] 옵션 내부의 '⊕ 여기에 액티비티 놓기'
에 놓습니다.

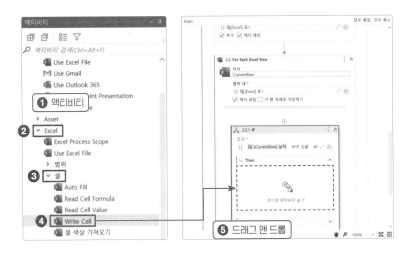

10 [쓰는 내용] 옵션의 ⊕ 버튼-[노트북]-[Date [시트]]-[Today [셀]]을 클릭합
니다.

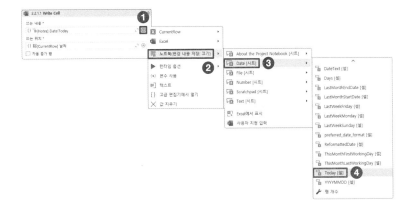

11 [쓰는 위치] 옵션의 ⊕ 버튼–[CurrentRow]–[날짜]를 클릭합니다.

12 [실행] 버튼을 누릅니다. [환율정보_누적.xlsx] 파일에 날짜 데이터가 잘 추가되었는지 확인합니다.

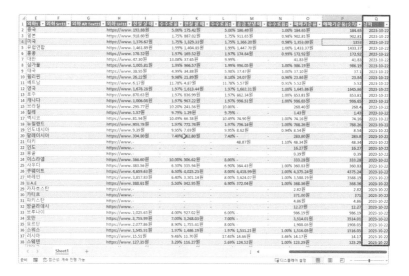

데이터가 중복 입력되는 문제 해결하기

피벗 테이블을 활용해 누적되는 자료를 더 보기 쉽게 정리하고, 데이터가 중복 입력되는 문제를 [2.3 Remove Duplucates] 액티비티를 활용해 해결해 보겠습니다.

액티비티 흐름 파악하기

1. Use Application/Browser–1.1 Extract Table Data
2. Use Excel File–2.1 Write DataTable to Excel–2.2 For Each Excel Row–2.2.1 If–2.2.1.1 Write Cell–2.3 Remove Duplucates–2.4 Refresh Pivot Table

---

01 [환율정보_누적.xlsx] 파일의 [삽입] 탭–[표] 그룹에서 [피벗 테이블]을 클릭하면 '표 또는 범위의 피벗 테이블' 대화상자가 나타납니다. [표/범위] 옵션에 '표1'을 입력하고, [새 워크시트]를 선택한 후 [확인] 버튼을 클릭합니다.

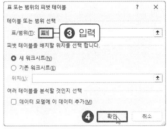

02 오른쪽에 '피벗 테이블 필드' 패널이 생성됩니다. '피벗 테이블 필드' 패널에서 '날짜'를 **[열]** 영역, '외화 Alt Text1'을 **[행]** 영역, '매매기준율(숫자)'를 **[값]** 영역으로 드래그합니다.

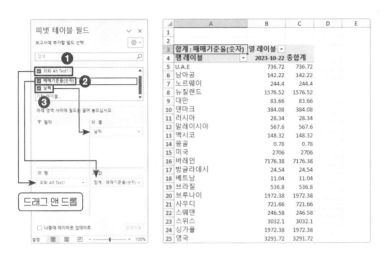

[Sheet1] 시트의 [O] 열과 [P] 열의 값이 중복되어 '총합계'의 값이 크게 계산되는 문제가 발생합니다. 이를 해결해 보겠습니다. Ctrl + S 를 눌러 저장한 후, 엑셀을 종료합니다.

03 [3_4 매일 환율정보] 프로젝트로 돌아옵니다. [**액티비티**] 그룹-[Excel] 옵
션-[**범위**] 옵션-[Remove Duplicates] 액티비티를 드래그해 [2.2 For
Each Excel Row] 액티비티 아래의 ⊕에 놓습니다.

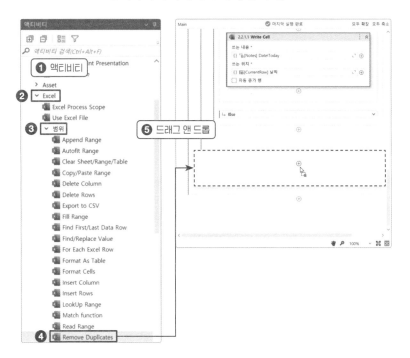

04 [2.3 Remove Duplucates] 액티비티 [Range] 옵션의 ⊕ 버튼-[Excel] 옵션-[Sheet1 [시트]]-[표1 [테이블]]을 선택하고, [비교할 열] 옵션은 '모든 열 비교'를 체크합니다.

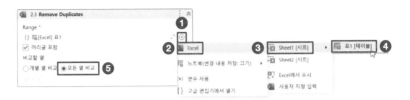

05 [액티비티] 그룹-[Excel] 옵션-[피벗 테이블] 옵션-[Refresh Pivot Table] 액티비티를 드래그해 [2.3 Remove Duplicates] 액티비티 바로 아래 ⊕에 놓습니다.

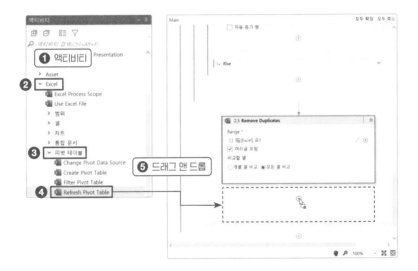

06 [2.4 Refresh Pivot Table] 액티비티 [새로 고칠 피벗 테이블] 옵션의 ⊕ 버튼-[Excel]-[Sheet2 [시트]]-[피벗 테이블 1[피벗 테이블]]을 클릭합니다.

07 [실행] 버튼을 클릭하면 중복이 제거되고, 피벗 테이블에도 원하는 값이 잘 저장된 것을 볼 수 있습니다.

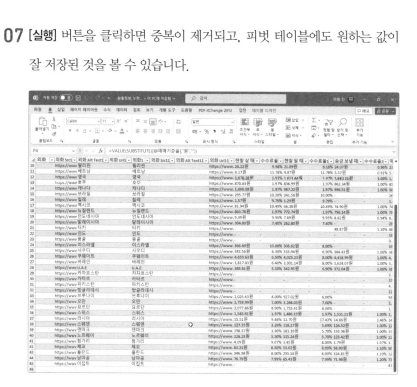

TIP 데이터 중복 문제는 엑셀에서도 해결할 수 있습니다. 패널에 중복된 열을 드래그한 후, [값] 영역에 [합계:매매기준율(숫자)]-[값 필드 설정]을 클릭합니다. '값 필드 설정' 대화상자가 나타나면 [값 필드 요약 기준] 옵션에서 '평균'을 선택하고 [확인] 버튼을 클릭합니다.

Ui 자동으로 메일 발송하기

마지막으로 완성된 엑셀 파일을 담당자들에게 자동 발송하는 기능을 추가하겠습니다.

액티비티 흐름 파악하기

1. Use Application/Browser–1.1 Extract Table Data
2. Use Excel File–2.1 Write DataTable to Excel–2.2 For Each Excel Row–2.2.1 If–2.2.1.1 Write Cell–2.3 Remove Duplucates–2.4 Refresh Pivot Table
3. Use Desktop Outlook App– 3.1 Send Email

01 메일 정보 입력하기 [액티비티] 그룹-[메일] 옵션-[Use Desktop Outlook App] 액티비티를 드래그해 [2. Use Excel File] 아래 ⊕에 놓습니다.

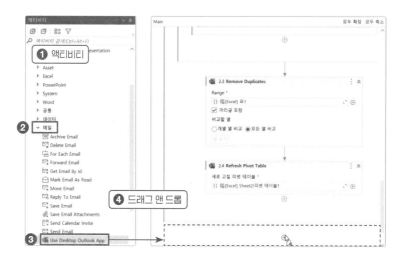

02 [액티비티] 그룹-[메일] 옵션-[Send Email] 액티비티를 드래그해 [3. Use Desktop Outlook App] 액티비티 내부의 '⊕ 여기에 액티비티 놓기'에 놓습니다.

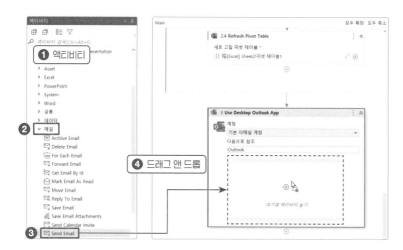

03 [계정] 옵션의 ⊕ 버튼-[Outlook]을 클릭합니다.

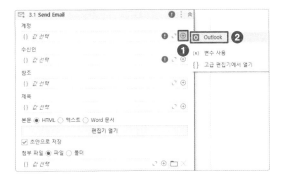

04 [수신인] 옵션의 ⊕ 버튼-[텍스트]를 선택하고 '텍스트 빌더' 대화상자에 받는 사람 메일 주소를 입력합니다.

05 [제목] 옵션의 ⊕ 버튼-[텍스트]를 클릭합니다.

06 '텍스트 빌더' 대화상자 우측의 ⊕ 버튼-**[노트북(변경 내용 저장: 끄기)]**-[Date [시트]]-[Today [셀]]을 클릭합니다.

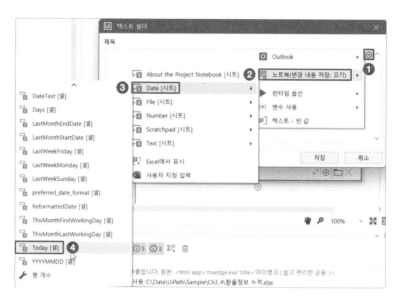

07 대화상자에 '[Notes] Date!Today'가 입력되면 뒤에 메일 제목으로 '누적 환율 정보를 송부드립니다.'를 입력한 후 **[저장]** 버튼을 클릭합니다.

08 마지막으로 [초안으로 저장] 옵션은 체크 해지하고, [첨부 파일] 옵션–[파일 탐색] 버튼을 클릭하여 [환율정보_누적.xlsx] 파일을 선택하고 [열기] 버튼을 클릭합니다.

> **TIP** [초안으로 저장] 옵션을 체크하면, 메일을 자동으로 전송하지 않고 보낼 편지함에 보관해 두기 때문에 수동으로 발송해야 합니다. 직접 확인, 수정 후 보낼 수 있기 때문에 필요에 따라서 [초안으로 저장] 옵션을 체크해 사용합니다.

09 [실행] 버튼을 클릭하면 자동으로 메일 발송이 완료됩니다.

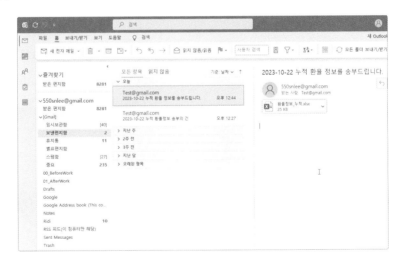

05

개인별로 급여 명세표 메일 발송하기

예제 파일 [Ch3_5] 폴더-[개별 급여 명세표 자료.xlsx], [개별 급여 명세표 Format.xlsx]

회사 자료 중 특성상 업무 담당자만 열람해야 하는 정보가 있습니다. 주로 개인 정보가 포함되는 자료로 급여 명세표가 대표적입니다.

> **TIP** 엑셀에서 시트 숨기기, 시트 보호, 통합 문서 잠금 등의 방법으로 사번과 이름을 정확히 입력해야만 조회가 가능한 방식의 자료를 만들 수도 있습니다. 하지만 엑셀에서 제공하는 보안은 타인이 쉽게 보호를 해제할 수 있습니다.
>
> 가장 좋은 방법은 개인별 자료를 만들어 각각 송부하는 방법이나, 인원이 많은 경우 수작업으로 대응하는 것은 거의 불가능에 가깝습니다. 이런 업무야말로 RPA의 효과를 볼 수 있는 영역입니다.

이번 실습에서는 엑셀 데이터를 엑셀 포맷 파일의 지정 셀에 자동으로 입력하고 파일을 '사번+이름.pdf' 파일로 저장한 다음, 이 PDF 파일을 필요한 사람에게 전송하는 작업을 구성해 보겠습니다. 이 작업은 순서도로 표현하면 다음과 같이 그려 볼 수 있습니다.

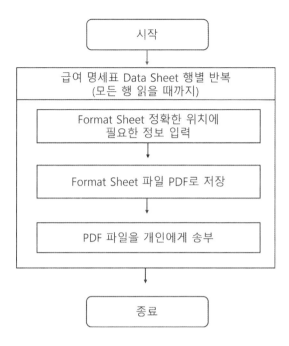

ⓤ 엑셀 포맷 파일에 텍스트 입력하기

UiPath StudioX가 데이터를 엑셀 포맷 파일의 지정 셀에 자동으로 입력할 수 있도록 엑셀에 셀 이름을 지정하고, 액티비티를 배치해 보겠습니다.

셀에 이름 설정하기

액셀 포맷 파일에 셀 이름을 지정하고, UiPath StudioX에 파일을 불러오겠습니다.

01 실습을 위해 우선 예제 파일을 저장할 폴더를 만들겠습니다. [Sample] 폴더 안에 [Ch3_5] 폴더를 만들고, 그 안에 [Data] 폴더, [Result] 폴더를 추가합니다.

02 [Data] 폴더에 [개별 급여 명세표 자료.xlsx] 파일과 [개별 급여 명세표 Format.xlsx] 파일을 저장합니다.

03 [개별 급여 명세표 Format.xlsx] 파일을 열어 빈 셀에 '이름'을 설정하겠습니다. 설정하는 방법은 이름을 설정할 셀을 선택한 후, 왼쪽 위 '이름 상자'에 이름을 입력하면 됩니다. 아래 표를 참고하여 각 셀에 이름을 설정합니다.

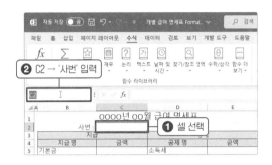

셀	이름	셀	이름
C2	사번	E2	이름
C5	기본금	E5	소득세
C6	상여금	E6	주민세
C7	직책수당	E7	고용보험
C8	휴일수당	E8	국민연금
C9	식대	E9	건강보험
B25:E25	비고	E10	장기요양

TIP UiPath StudioX는 셀에 설정된 이름을 변수로 사용할 수 있기 때문에 처음 만들 때 손이 많이 가더라도 셀에 이름을 설정하는 것이 좋습니다. 물론 이름을 지정하지 않아도 UiPath StudioX에서 셀을 직접 선택할 수 있으니, 작업하기 편한 방법을 취하면 됩니다.

데이터 읽어 오기

[개별 급여 명세표 Format.xlsx] 파일에서 [개별 급여 명세표 자료.xlsx] 파일의 데이터를 읽어 오도록 액티비티를 구성해 보겠습니다.

액티비티 흐름 파악하기

1. Use Excel File-1.1 Use Excel File-1.1.1 Use Desktop Outlook App

01 실습을 위해 새 태스크를 만들어 보겠습니다. 홈 화면에서 [새로 만들기]–[빈 태스크]를 누릅니다. '빈 태스크' 대화상자의 [이름] 옵션에 '3_5 개별 급여 명세서'를 적고, [위치] 옵션에 'W Ch 3'를 입력한 후 [만들기] 버튼을 클릭합니다. [Ch 3] 폴더 안에 [3_5 개별 급여 명세표] 폴더가 생성됩니다.

02 [액티비티] 그룹–[리소스] 옵션–[Use Excel File] 액티비티를 드래그해 디자이너 패널의 '⊕ 여기에 액티비티 놓기'에 놓습니다.

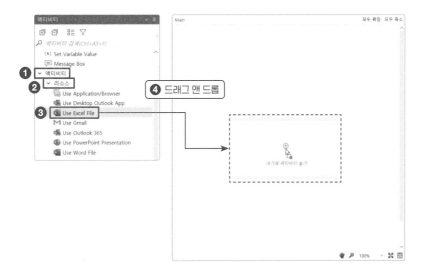

03 [변경 내용 저장] 옵션을 체크 해제합니다. [Excel 파일]–[파일 탐색] 버튼을 선택하고, 'Excel 문서 선택' 대화상자에서 [Sample] 폴더–[Ch3_5] 폴더–[Data] 폴더의 [개별 급여 명세표 자료.xlxs] 파일을 선택한 후 [열기] 버튼을 클릭합니다.

04 [액티비티] 그룹–[리소스] 옵션–[Use Excel File] 액티비티를 드래그해 [1. Use Excel File] 액티비티 내부 '⊕ 여기에 액티비티 놓기'에 놓습니다.

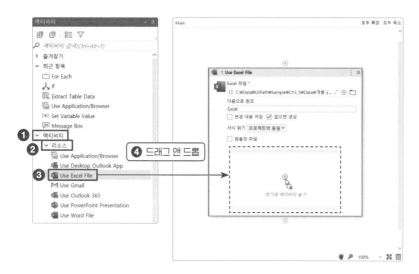

05 [변경 내용 저장] 옵션을 체크 해제합니다. [Excel 파일]–[파일 탐색] 버튼을 선택하고, 'Excel 문서 선택' 대화상자에서 [Sample] 폴더–[Ch3_5] 폴더–[Data] 폴더–[개별 급여 명세표 Format.xlxs] 파일을 선택한 후 [열기] 버튼을 클릭합니다.

06 [1. Use Excel File] 액티비티의 [다음으로 참조] 옵션에서 참조 값을 'xlData'로 변경합니다. 같은 방법으로 [1.1 Use Excel File] 액티비티의 [다음으로 참조] 옵션을 'xlFormat'으로 변경합니다.

07 [액티비티] 그룹-[리소스] 옵션-[Use Desktop Outlook App] 액티비티를 드래그해 [1.1 Use Excel File] 액티비티 내부 '⊕ 여기에 액티비티 놓기'에 놓습니다.

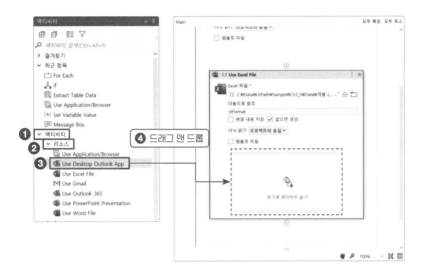

셀에 텍스트 입력하기

엑셀에 자동으로 데이터가 입력되도록 액티비티를 배치해 보겠습니다.

액티비티 흐름 파악하기

1. Use Excel File-1.1 Use Excel File-1.1.1 Use Desktop Outlook App-1.1.1.1 For Each Excel Row-1.1.1.1.1 Write Cell-1.1.1.1.2~15 Write Cell

01 [액티비티] 그룹-[Excel] 옵션-[범위] 옵션-[For Each Excel Row] 액티

비티를 드래그해 [1.1.1 Use Desktop Outlook App] 액티비티 내부의

'⊕ 여기에 액티비티 놓기'에 놓습니다.

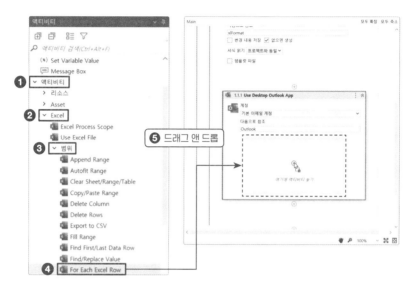

02 [헤더 포함] 옵션은 체크하고, [범위 내] 옵션에서 ⊕ 버튼-[xlData]-[Data

[시트]]를 클릭합니다.

03 [액티비티] 그룹–[Excel] 옵션–[셀] 옵션–[Write Cell] 액티비티를 드래 그해 [1.1.1.1 For Each Excel Row] 액티비티 내부의 '⊕ 여기에 액티비 티 놓기'에 놓습니다.

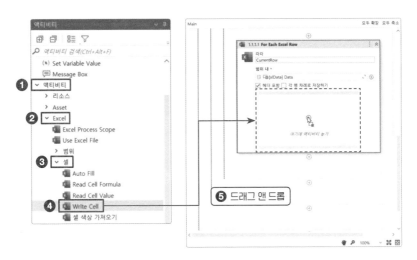

04 [쓰는 내용] 옵션에서 ⊕ 버튼–[텍스트]를 클릭합니다.

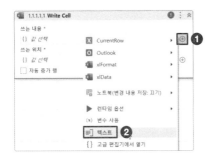

05 '텍스트 빌더' 대화상자의 우측 ⊕ 버튼-[CurrentRow]-[년]을 클릭하면
'[CurrentRow] 년'이 입력됩니다.

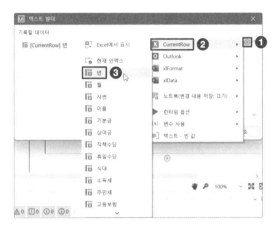

06 [[Current Row] 년] 바로 뒤에 '년'을 입력한 후, 이번에는 ⊕ 버튼-
[CurrentRow]-[월]을 클릭합니다. 연도와 마찬가지로 [[CurrentRow]
월] 바로 뒤에 '월 급여 명세표'를 입력하고 [저장] 버튼을 클릭합니다.

07 [쓰는 위치] 옵션의 ⊕ 버튼-[xlFormat]-[Excel에서 표시]를 클릭합니다.

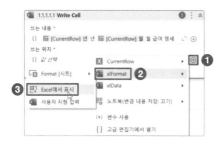

08 [개별 급여 명세표 Format.xlsx] 파일이 실행되면, 제목이 쓰여 있는

[B1:E1] 셀을 선택한 상태에서 'UiPath' 탭의 [확인]을 클릭합니다.

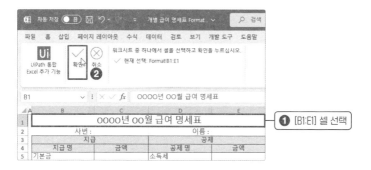

09 [액티비티] 그룹–[Excel] 옵션–[셀] 옵션–[Write Cell] 액티비티를 드래그해 [1.1.1.1.1 Write Cell] 액티비티 바로 아래 ⊕에 놓습니다.

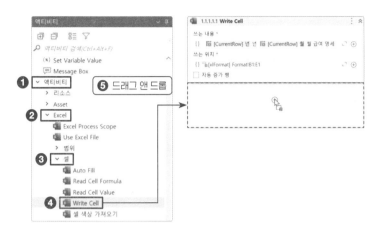

10 [쓰는 내용] 옵션의 ⊕ 버튼–[CurrentRow]–[사번]을 클릭합니다.

11 [쓰는 위치] 옵션의 ⊕ 버튼-[xlFormat]-[Format [시트]]-[사번 [셀]]을 선

택합니다.

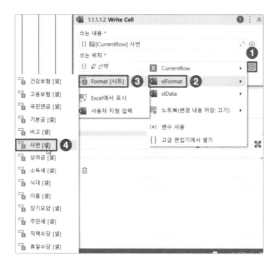

12 [1.1.1.1.2 Write Cell] 액티비티를 클릭하고 Ctrl + C – Ctrl + V 를 누르면 같은 액티비티가 아래에 복사되어 들어갑니다. 같은 방법으로 [1.1.1.1.15 Write Cell] 액티비티까지 추가합니다.

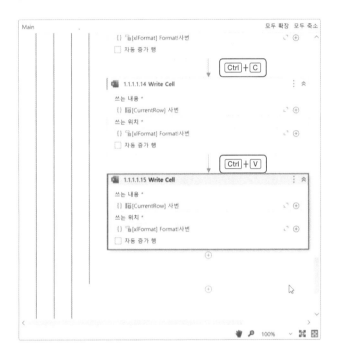

13 [1.1.1.1.3 Write Cell] 부터 [1.1.1.1.15 Write Cell] 액티비티까지 [**쓰는 내용**] 옵션과 [**쓰는 위치**] 옵션을 앞의 과정을 참고하여 3. 이름, 4. 기본 금, 5. 상여금, 6. 직책수당, 7. 휴일수당, 8. 식대, 9. 소득세, 10. 주 민세, 11. 고용보험, 12. 국민연금, 13. 건강보험, 14. 장기요양, 15. 비고 순서대로 옵션을 수정합니다.

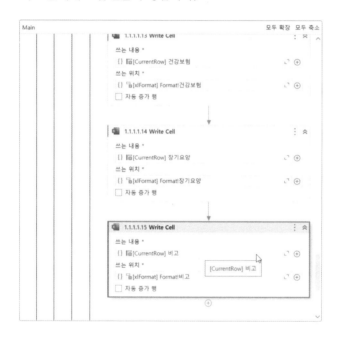

ⓤ 엑셀 파일을 PDF 파일로 변환하여 저장하기

결과 파일을 PDF로 자동 변환하는 액티비티를 구성해 보겠습니다.

액티비티 흐름 파악하기

1. Use Excel File-1.1 Use Excel File-1.1.1 Use Desktop Outlook App-1.1.1.1 For Each Excel Row-1.1.1.1.1 Write Cell-1.1.1.1.2~15 Write Cell-1.1.1.1.16 Save Excel File As PDF

01 **[Save Excel File As PDF] 액티비티 추가하기** [액티비티] 그룹-[Excel] 옵션-**[통합 문서]** 옵션-[Save Excel File As PDF] 액티비티를 드래그해 [1.1.1.1.15 Write Cell] 액티비티 바로 아래 ⊕에 놓습니다.

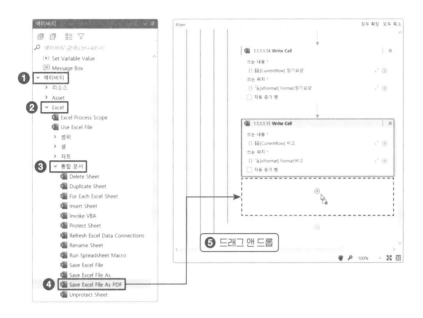

02 액티비티 **[파일로 저장]** 옵션에서 ⊕ 버튼-**[텍스트]**를 클릭합니다.

03 [Ch3_5] 폴더의 [Result] 폴더의 경로를 복사해 '텍스트 빌더' 대화상자
에 붙여 넣은 후, 경로의 마지막 단어 'Result' 뒤에 'W'를 입력합니다.

04 경로와 'W'를 입력하였으면, 우측 ⊕ 버튼-[CurrentRow]-[사번]을 클
릭하고 [[CurrentRow] 사번] 뒤에 '_'를 입력합니다. 그리고 다시 ⊕ 버
튼-[CurrentRow]-[이름]을 클릭하고 [[CurrentRow] 이름] 뒤에 확장자
명 '.pdf'를 입력합니다.

05 내용을 모두 입력하였으면 입력된 내용을 모두 선택한 후 Ctrl + C 로
복사하고 [저장] 버튼을 눌러 마무리하겠습니다.

Ui 자동으로 메일 발송하기

파일을 자동으로 발송하는 액티비티를 구성해 보겠습니다.

액티비티 흐름 파악하기

1. Use Excel File–1.1 Use Excel File–1.1.1 Use Desktop Outlook App–1.1.1.1 For Each Excel Row–1.1.1.1.1 Write Cell–1.1.1.1.2~15 Write Cell–1.1.1.1.16 Save Excel File As PDF–1.1.1.1.17 Send Email

01 메일에 자료 첨부하고, 정보 입력하기 [액티비티] 그룹–[메일] 옵션–[Send Email] 액티비티를 드래그해 [1.1.1.1.16 Save Excel File As PDF] 아래 ⊕에 놓습니다.

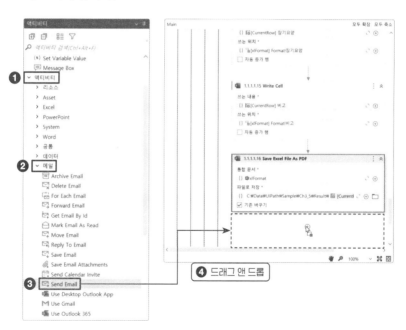

02 [**초안으로 설정**] 옵션을 체크 해제합니다. [**첨부파일**] 옵션에서 ⊕ 버튼−[**텍스트**]를 클릭합니다.

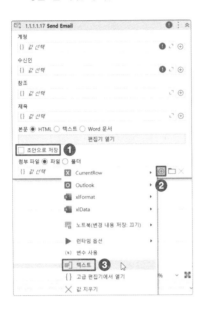

03 '텍스트 빌더' 대화상자에 앞서 [1.1.1.1.16 Save Excel File As PDF] 액티비티에서 복사한 값을 Ctrl + V로 붙여 넣은 후 [**저장**] 버튼을 클릭합니다.

04 [계정] 옵션에서 ⊕ 버튼-Outlook을 클릭합니다.

05 [수신인] 옵션에서 ⊕ 버튼-[CurrentRow]-[메일주소]를 클릭합니다. [개
별 급여 명세표 자료.xlsx] 파일의 [Q2] 셀, [Q3] 셀, [Q4] 셀을 급여 명세
표를 전송할 주소로 수정합니다.

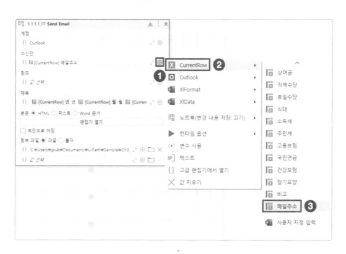

06 메일 제목을 작성해 보겠습니다. 제목에 연도와 월이 자동으로 포함되도록 자동화를 구성할 수 있습니다. **[제목]** 옵션에서 ⊕ 버튼-**[텍스트]**를 클릭합니다.

07 '텍스트 빌더' 대화상자가 나타나면 오른쪽 ⊕ 버튼-**[CurrentRow]**를 클릭하고 바로 뒤에 '년'을 입력하고, 같은 방법으로 '[[CurrentRow] **월**] 월'을 추가하여 제목에 연월을 입력합니다. 그리고 ⊕ 버튼-**[CurrentRow]**-**[이름]**을 선택해 '[[CurrentRow] **이름**]'을 추가한 후, 뒤에 '님의 개별 급여 명세표 송부의 건'을 입력한 후 **[저장]** 버튼을 누릅니다.

08 [실행] 버튼을 누릅니다. [Result] 폴더에 [사번_이름.pdf] 파일로 급여 명세

표가 생성되고, 지정한 메일로 파일이 발송된 것을 확인할 수 있습니다.

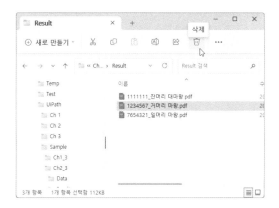

06

파워포인트로
행사 이름표 만들기

예제 파일 [Ch3_6] 폴더─[명단.xlsx], [이름표양식.pptx]

회사에 행사가 있을 때, 참석자 리스트를 가지고 이름표를 만드는 경우가 있습니다. 리스트가 엑셀로 잘 정리되어 있더라도 1,000명, 2,000명 규모의 큰 행사라면 일일이 이름표를 만드는 일은 절대 쉽지 않을 것입니다.

이번 실습에서는 파워포인트로 만들어 놓은 이름표 양식에 엑셀로 정리한 참석자 정보를 반복 입력하는 자동화 프로세스를 만들어 보겠습니다.

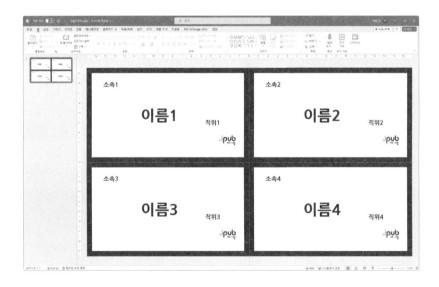

그런데 작업 내용을 살펴보면, 신경 써야 할 점이 있습니다.

첫 번째는 Master 슬라이드 추가 시점입니다. 자동화 프로세스를 시작하면 Master 슬라이드에 4번째 참석자의 정보를 적은 후, 5번째 참석자의 정보를 입력할 때 새로운 슬라이드가 추가되어야 합니다.

두 번째는 참석자의 순번입니다. 이름표 양식은 1~4번까지이므로, 4번째 참석자까지는 자신의 순번을 그대로 사용하면 됩니다. 하지만 5번째 참가자부터는 순번을 1~4까지의 숫자 중 하나로 바꿔야 순서에 맞게 정보를 추가할 수 있습니다.

이 2가지는 모두 '4'라는 주기를 가지고 있습니다. 그래서 나누기를 통해 나머지 값을 구한 다음, If 조건문을 활용하여 우리가 원하는 반복 작업을 수행하게 할 수 있습니다. 이 작업을 순서도로 표현하면 오른쪽과 같이 그려 볼 수 있습니다.

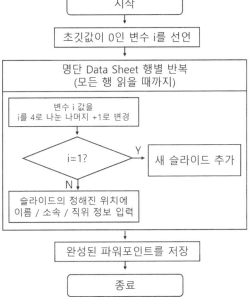

🔳 명단 파일 정리하기

[명단.xlsx] 파일과 [이름표 양식.pptx] 파일을 UiPath StudioX에 맞게 정리해 보겠습니다.

엑셀 표 설정하기

[명단.xlsx] 파일의 데이터를 엑셀 표로 설정합니다.

01 실습을 위해 우선 예제 파일을 저장할 폴더를 만들겠습니다. [Sample] 폴더 안에 [Ch3_6] 폴더를 만들고, 그 안에 [Data] 폴더, [Result] 폴더를 추가합니다.

02 예제 파일을 저장하겠습니다. [Data] 폴더에 [명단.xlsx] 파일과 [이름표양식.pptx] 파일을 저장합니다.

03 [명단.xlsx] 파일 표 안에 커서를 둔 상태에서 Ctrl+T를 누릅니다. '표 만들기' 대화상자가 나타나면 [$A$1:$C$9] 범위를 확인하고 '머리글 포함' 옵션을 체크한 후, [확인] 버튼을 클릭합니다.

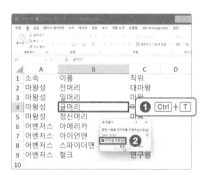

> **TIP** '머리글 포함' 옵션을 체크하지 않으면 열1, 열2, 열3이라는 이름의 새로운 행이 추가됩니다.

04 지정한 범위가 표로 바뀌었으면 [테이블 디자인] 탭-[속성] 그룹에서 [표 이름]을 '명단'으로 변경해 줍니다.

> **TIP** [테이블 디자인] 탭은 커서가 '표' 범위 안에 있을 때에만 활성화되므로, 표 바깥의 셀이 선택되어 있을 때는 볼 수 없습니다.

개체 이름 설정하기

[이름표 양식.pptx] 파일에는 이름표 양식의 Master 슬라이드가 있습니다. 다만 파일을 UiPath StudioX에서 활용하기 위해서는 이름표 양식 '소속', '이름', '직위' 각각의 개체에 이름을 설정해 주어야 합니다.

01 리본 메뉴의 **[홈] 버튼**–**[선택]**–**[선택창]**을 클릭해 '선택' 패널을 열어 보겠습니다.

02 양식 슬라이드 텍스트 상자를 누르면 '선택' 패널에 개체 이름이 표시됩니다. 텍스트 상자를 하나씩 눌러 보며 텍스트 상자에 적혀 있는 글(이름 1~4, ˙소속1~4, 직위 1~4)과 개체 이름을 동일하게 수정합니다.

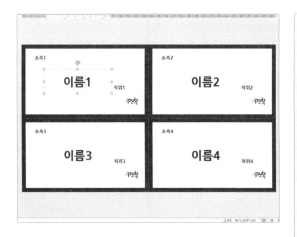

📟 명단 데이터를 파워포인트에 입력하기

엑셀의 내용을 파워포인트에 입력해 보겠습니다.

데이터 읽어 오기

[이름표 양식.pptx] 파일에 [명단.xlsx] 파일 데이터를 자동 입력하는 액티비티를 구성해 보겠습니다.

> #### 액티비티 흐름 파악하기
> 1. Use Excel File–1.1 Use PowerPoint Presentation

01 실습을 위해 새 태스크를 만들어 보겠습니다. 홈 화면에서 **[새로 만들기]**–**[빈 태스크]**를 누릅니다. '빈 태스크' 대화상자의 **[이름]** 옵션에 '3_6 행사 이름표'를 적고, **[위치]** 옵션에 'WCh 3'를 입력한 후 **[만들기]** 버튼을 클릭합니다. **[Ch 3]** 폴더 안에 **[3_6 행사이름표]** 폴더가 생성됩니다.

02 [액티비티] 그룹-[리소스] 옵션-[Use Excel File] 액티비티를 드래그해 디

자이너 패널의 '⊕ 여기에 액티비티 놓기'에 놓습니다.

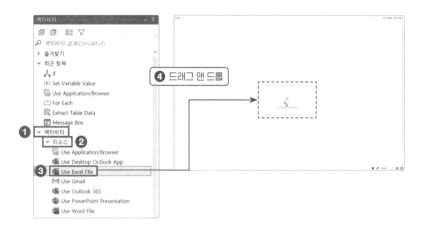

03 [Excel 파일] 옵션-[파일 탐색] 버튼을 클릭하고, 'Excel 문서 선택' 대화

상자에서 [Sample] 폴더-[Ch3_6] 쏠더-[Data] 폴더의 [명단.xlxs] 파일

을 선택한 후 [열기] 버튼을 클릭합니다.

04 [액티비티] 그룹–[리소스] 옵션–[Use PowerPoint Presentation] 액티비티를 드래그해 [1. Use Excel File] 액티비티 내부의 '⊕ 여기에 액티비티 놓기'에 놓습니다.

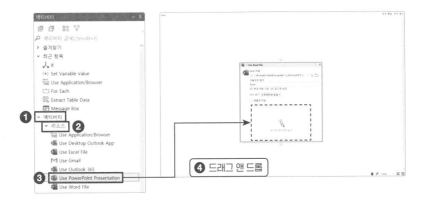

05 [PowerPoint 파일] 옵션–[파일 탐색] 버튼을 클릭하고, '프레젠테이션 문서 선택' 대화상자에서 [Sample] 폴더–[Ch3_6] 폴더–[Data] 폴더의 [이름표양식.pptx] 파일을 선택한 후 [열기] 버튼을 클릭합니다. [변경 내용 저장] 옵션은 체크 해제합니다.

변수 추가하기

슬라이드 추가에 사용할 변수를 추가합니다.

액티비티 흐름 파악하기

1. Use Excel File–1.1 Use PowerPoint Presentation–1.1.1 Set Variable
   Value–1.1.2 For Each Excel Row–1.1.2.1 Set Variable Value

01 [액티비티] 그룹–[**공통**] 옵션–[Set Variable Value] 액티비티를 드래그해

[1.1 Use PowerPoint Presentation] 액티비티 내부의 '⊕ 여기에 액티

비티 놓기'에 놓습니다.

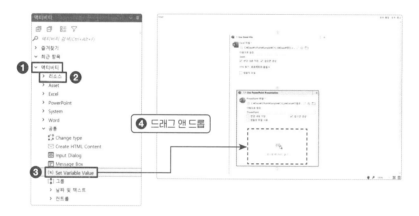

02 [Save to] 옵션에서 ⊕ 버튼–**[변수 만들기]**를 클릭합니다. '변수 만들기' 대화상자의 **[변수에 이름 지정]** 옵션에 'i'를 적고, **[데이터 형식]** 옵션은 '숫 자'를 선택한 다음 **[확인]** 버튼을 클릭합니다.

03 **[저장할 값]** 옵션에서 ⊕ 버튼–**[숫자]**를 클릭합니다. '숫자 계산' 대화상자에 '0'을 입력하고 **[저장]** 버튼을 클릭합니다.

04 [액티비티] 그룹–[Excel] 옵션–[범위] 옵션–[For Each Excel Row] 액티
비티를 드래그해 [1.1.1 Set Variable Value] 액티비티 바로 아래 ⊕에
놓습니다.

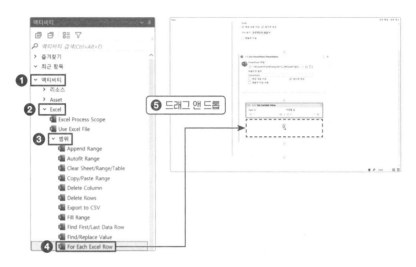

05 [1.1.2 For Each Excel Row] 액티비티 [범위 내] 옵션의 ⊕ 버
튼–[Excel]–[Sheet1]–[명단 [테이블]]을 클릭합니다. 표의 첫 줄에 머리
말이 들어 있으므로 [헤더 포함] 옵션을 체크합니다.

06 [액티비티] 그룹–[공통] 옵션–[Set Variable Value] 액티비티를 드래그해 [1.1.2 For Each Excel Row] 액티비티 내부의 '⊕ 여기에 액티비티 놓기'에 놓습니다.

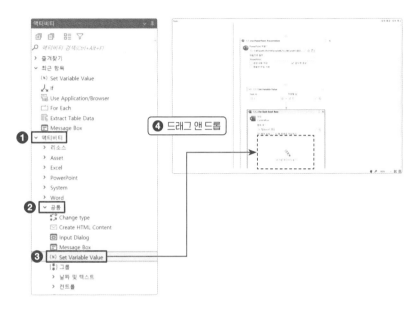

07 [Save to] 옵션의 ⊕ 버튼–[변수 사용]을 클릭한 다음, [변수]–[i]를 클릭합니다.

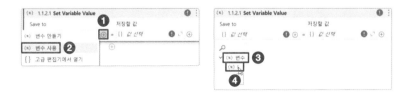

08 [저장할 값] 옵션의 ⊕ 버튼-[고급 편집기에서 열기]를 선택한 다음, '표현식 편집기' 대화상자가 나타나면 '(i mod 4) +1'을 입력하고 [저장] 버튼을 클릭합니다.

> **TIP** '고급 편집기'는 프로그래밍 언어의 문법을 따릅니다. mod는 프로그래밍 언어에서 나머지 연산을 계산하는 함수로 오른쪽에 있는 숫자로 왼쪽의 숫자를 나눈 나머지 값을 구하라는 명령어입니다. 예를 들어 '(6 mod 4)'의 값을 구하면 6을 4로 나눈 나머지인 2가 반환되게 됩니다.
>
> 실습 예제에서 입력된 수식 '(i mod 4)'는 i를 4로 나눈 나머지 값을 구하라는 의미이고, '(i mod 4)+1'은 i를 4로 나눈 나머지 값에 1을 더하라는 의미기 됩니다.

특정 조건에서 슬라이드 추가하기

앞서 지정한 변수를 이용해 슬라이드를 추가해 보겠습니다.

액티비티 흐름 파악하기

1. Use Excel File-1.1 Use PowerPoint Presentation-1.1.1 Set Variable Value-1.1.2 For Each Excel Row-1.1.2.1 Set Variable Value-1.1.2.2 If-1.1.2.2.1 Copy Paste Slide

01 변수 i값이 1일 때 슬라이드를 추가하는 조건문을 만듭니다. [**액티비티**] 그룹-[**워크플로**] 옵션-[**If**] 액티비티를 드래그해 [**1.1.2.1 Set Variable Value**] 액티비티 아래 ⊕에 놓습니다.

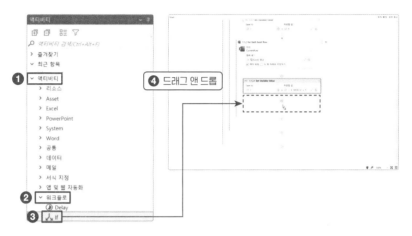

02 [**조건**] 옵션에서 ⊕ 버튼-[**고급 편집기에서 열기**]를 클릭합니다. '표현식 편집기' 대화상자에 'i=1'로 수식을 입력하고 [**저장**] 버튼을 클릭합니다.

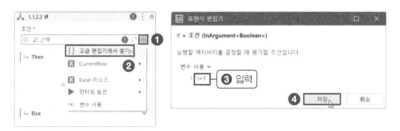

03 [액티비티] 그룹–[PowerPoint] 옵션–[Copy Paste Slide] 액티비티를
드래그해 [1.1.2.2 If] 액티비티의 [Then] 옵션 안쪽의 '⊕ 여기에 액티비
티 놓기'에 놓습니다.

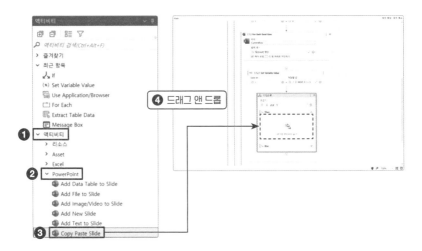

04 [소스 프레젠테이션] 옵션에서 ⊕ 버튼–[PowerPoint]를 클릭합니다.

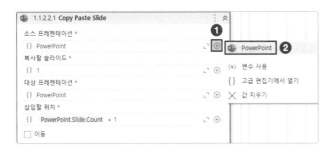

05 [복사할 슬라이드] 옵션에서 ⊕ 버튼–[**숫자**]를 클릭하고, '숫자 계산' 대화 상자에 '1'을 입력합니다.

06 [**대상 프레젠테이션**] 옵션에서 ⊕ 버튼–[PowerPoint]를 클릭합니다.

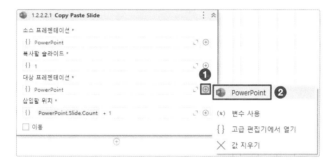

07 마지막으로 [**삽입할 위치**] 옵션에서 ⊕ 버튼-[**고급 편집기에서 열기**] 클릭합

니다.

08 '표현식 편집기' 대화상자의 [**변수사용**]-[Use PowerPoint Presenta

tion]-[PowerPoint]-[Slide]-[Count]를 선택한 후 'PowerPoint.

Slide.Count' 뒤에 '+1'을 추가하고 [**저장**] 버튼을 클릭합니다.

이름표 완성하기

조건과 함수를 입력했다면 이제 행사에 사용할 참석자 이름표를 완성해 보겠

습니다.

액티비티 흐름 파악하기

1. Use Excel File-1.1 Use PowerPoint Presentation-1.1.1 Set Variable
   Value-1.1.2 For Each Excel Row-1.1.2.1 Set Variable Value-1.1.2.2 If-
   1.1.2.2.1 Copy Paste Slide-1.1.2.3~5 Add Text to Slide

01 참석자 데이터 입력하기 [액티비티] 그룹-[PowerPoint] 옵션-[Add
Text to Slide] 액티비티를 드래그해 [1.1.2.2 If] 액티비티 아래의 ⊕에
놓습니다. '소속', '이름', '직위'를 입력해야 하므로 같은 방법으로 총 3개
의 [Add Text to Slide] 액티비티를 추가합니다.

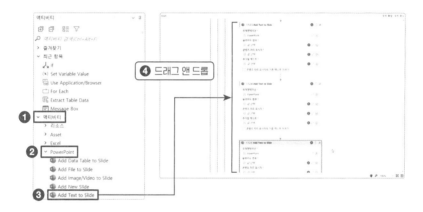

02 [슬라이드 번호] 옵션의 ⊕ 버튼-[고급 편집기에서 열기]를 클릭합니다.

03 '표현식 편집기' 대화상자의 [변수사용]–[Use PowerPoint Presentation]–[PowerPoint]–[Slide]–[Count]를 선택한 다음 [저장] 버튼을 클릭합니다.

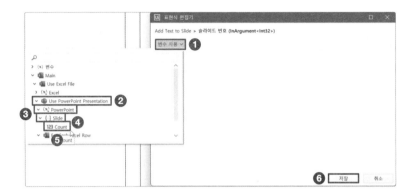

04 [콘텐츠 자리 표시자] 옵션의 ⊕ 버튼–[텍스트]를 클릭합니다.

05 '텍스트 빌더' 대화상자에 '이름'이라고 입력하고, 우측에 있는 ⊕ 버튼-[**변수사용**]-[**변수**]-[**i**]를 선택한 다음 [**저장**] 버튼을 클릭합니다.

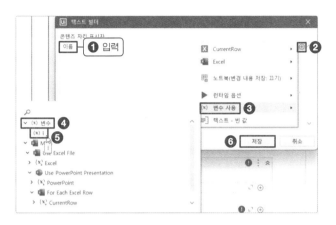

06 마지막으로 [**추가할 텍스트**] 옵션에서 ⊕ 버튼-[**CurrentRow**]-[**이름**]을 클릭합니다. 아래 [**콘텐츠 자리 표시자의 기존 텍스트 지우기**] 옵션은 체크합니다.

07 아래의 [1.1.2.4 Add Text to Slide] 액티비티와 [1.1.2.5 Add Text to Slide] 액티비티도 같은 방법으로 옵션을 입력합니다. [**콘텐츠 자리 표시자**] 옵션과 [**추가할 텍스트**] 옵션에 '이름' 대신 '소속', '직위'를 입력, 선택합니다.

파워포인트 파일 저장하기

Master 슬라이드를 지우고, 결과 파일을 원하는 폴더에 자동으로 저장하겠습니다.

액티비티 흐름 파악하기

1. Use Excel File-1.1 Use PowerPoint Presentation-1.1.1 Set Variable Value-1.1.2 For Each Excel Row-1.1.2.1 Set Variable Value-1.1.2.2 If-1.1.2.2.1 Copy Paste Slide-1.1.2.3~5 Add Text to Slide-1.1.3 Delete Slide-1.1.4 Save PowerPoint File As

01 [액티비티] 그룹–[PowerPoint] 옵션–[Delete Slide] 액티비티를 드래그해 [1.1.2 For Each Excel Row] 액티비티 아래 ⊕에 놓습니다.

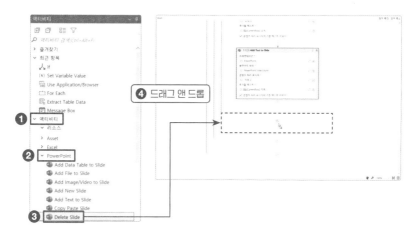

02 [슬라이드 번호] 옵션의 ⊕ 버튼–[숫자]를 클릭하고 '숫자 계산' 대화상자에 '1'을 입력한 후, [저장] 버튼을 클릭합니다.

TIP [Delete Slide] 액티비티는 반드시 반복 작업이 끝나고 난 다음에 추가해야 합니다. 만약 [Delete Slide] 액티비티가 반복 작업 안에 들어가게 되면 기껏 짠 자동화 프로세스가 동작하지 않기 때문입니다. [Delete Slide] 액티비티의 번호가 [1.1.3]인지를 한 번 더 확인해 보세요.

03 [액티비티] 그룹-[PowerPoint] 옵션-[Save PowerPoint File As] 액티비티를 드래그해 [1.1.3 Delete Slide] 액티비티 바로 아래 ⊕에 놓습니다.

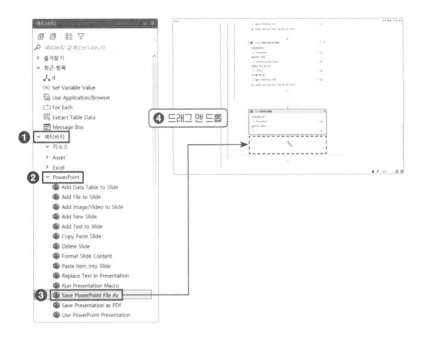

04 [파일로 저장] 옵션에서 폴더 모양의 [프레젠테이션 파일의 전체경로입니다] 옵션을 클릭합니다. [Result] 폴더를 선택하고 [파일 이름]에 '이름표'를 입력한 후 [열기] 버튼을 클릭합니다.

05 [실행] 버튼을 누릅니다. [이름표.pptx] 파일을 열면 이미지들과 설명이
정해진 위치에 맞춰 자동으로 완성되어 있는 것을 볼 수 있습니다.

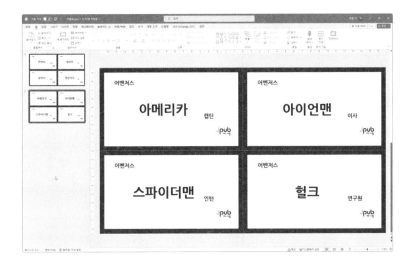

페이지 형태에 구애받지 않고 한 번에 여러 데이터 추출하기

회사에서 필요한 정보를 추출하다 보면 잘 정리되어 있지 않은 자료를 표 형태로 정리하여 추출해야 할 때가 있습니다. 사람이 하나하나 직접 추출하면 생각보다 손이 많이 가는 일인데요, 실제 교보문고나 Yes24 웹페이지에서 베스트셀러 데이터를 추출하고자 할 때 사람이 하나하나 직접 추출하면 2가지 문제가 발생합니다.

- 매일 200개가 넘는 데이터를 일일이 찾아 엑셀에 표 형태로 정리해야 한다는 점
- 복사하고 붙여 넣는 단순한 방법으로는 추출하기 어려운 데이터 형식이라는 점

이번 실습에서는 형태에 구애받지 않고 교보문고, Yes24 베스트셀러 페이지와 같이 데이터를 쉽게 추출하기 어려운 페이지에서 정보를 가져와 엑셀로 저장하는 방법을 살펴보겠습니다.

▲ 교보문고 홈페이지

▲ Yes24 홈페이지

TIP 이 예제에서 데이터를 추출하는 기본적인 내용은 동일하지만, 데이터 추출 방법이 다릅니다. 두 방법의 차이점을 주의 깊게 살펴보시기 바랍니다.

Ui 앵커 없이 데이터 추출하기

교보문고 홈페이지의 베스트셀러 정보를 가져와 엑셀 파일 형태로 저장해 보겠습니다. 다양한 사이트에서 데이터 크롤링 작업이 필요할 때, 자신만의 자동화 프로세스를 구축해 보시기 바랍니다.

실습 준비하기

교보문고의 '온라인 일간 베스트' 정보를 가져와 엑셀 파일 형태로 저장해 보겠습니다.

1. Use Application/Browser-1.1 Extract Table Data

01 실습을 위해 우선 예제 파일을 저장할 폴더를 만들겠습니다. [Sample]
폴더 안에 [Ch3_7] 폴더를 만들고, 그 안에 [Result] 폴더를 추가합니다.

02 교보문고 홈페이지(https://www.kyobobook.co.kr/)에서 [베스트]를 클릭해 '온라인 일간 베스트' 페이지에 접속합니다.

03 실습을 위해 새 태스크를 만들어 보겠습니다. 홈 화면에서 **[새로 만들기]**– **[빈 태스크]**를 누릅니다. '빈 태스크' 대화상자의 **[이름]** 옵션에 '3_7 베스트셀러'를 적고, **[위치]** 옵션에 '₩Ch 3'를 입력한 후 **[만들기]** 버튼을 클릭합니다. **[Ch 3]** 폴더 안에 **[3_7 베스트셀러]** 폴더가 생성됩니다.

04 [액티비티] 그룹–[리소스] 옵션–[Use Application/Browser] 액티비티를 드래그해 디자이너 패널의 '⊕ 여기에 액티비티 놓기'에 놓습니다.

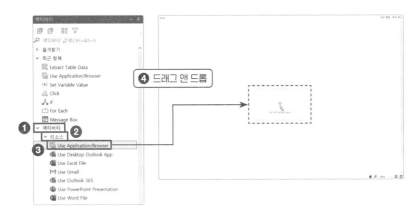

05 '자동화할 애플리케이션 표시'를 클릭해 데이터를 추출하고자 하는 교보문고 '온라인 일간 베스트' 페이지를 클릭합니다.

TIP '자동화할 애플리케이션 표시'를 클릭하기 전에 교보문고 웹페이지를 올려놓아야 추출할 데이터를 선택할 수 있습니다.

06 [액티비티] 그룹–[앱 및 웹 자동화] 옵션–[Extract Table Data] 액티비티를 드래그해 [1. Use Browser Edge] 액티비티 내부의 '⊕ 여기에 액티비티 놓기'에 놓습니다.

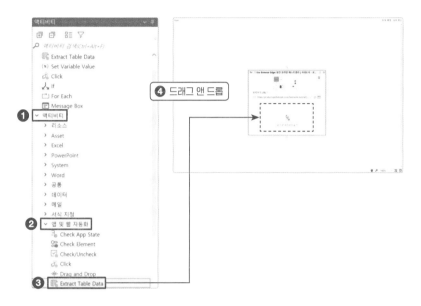

07 [표시할 애플리케이션] 버튼을 클릭하면 '테이블 추출' 대화상자가 나타납니다.

데이터 추출하기

이제 교보문고 '온라인 일간 베스트' 페이지에서 순위, 책 제목, 저자, 출판사의 정보를 추출해 보겠습니다.

01 순위 데이터부터 추출해 보겠습니다. 순위 데이터 추출 시 사이에 광고 배너가 있어 같은 작업을 2번 반복해 진행해야 합니다. 우선 '테이블 추출' 대화상자의 **[추출할 데이터 선택]** 버튼을 클릭합니다. 데이터 추출 상태가 되면 '교보문고 Best 1'이 아닌 '2'에 마우스 커서를 올린 후, 타겟 박스를 선택합니다. 이때 마우스 커서를 움직여 나타나는 초록색 타겟 박스를 잘 설정해야 합니다. 아래 Tip을 참고한 후 타겟 박스를 선택해 주세요.

'2' 부근에 마우스 커서를 올려놓고 미세하게 움직여 보면, 마우스의 위치에 따라서 나타나는 타겟 박스 형태가 3가지인 것을 볼 수 있습니다. 이번 예제에서는 '형태 3'과 같은 순간에 마우스를 클릭하여 순위 정보를 가져와야 합니다.

▲ 형태 1   ▲ 형태 2   ▲ 형태 3

02 타겟 박스를 잘 선택했다면 '데이터 추출' 대화상자에 '새 열 0'이라는 이름으로 'Best 1'부터 '10'까지의 순위 데이터가 추출된 것을 확인할 수 있습니다.

TIP 순위 데이터를 추출할 때 '교보문고 Best 1'에 타겟 박스를 선택할 경우, 데이터를 추출할 때 1위가 추출되지 않을 수도 있습니다.

◀ 1위가 추출되지 않은 경우

03 이제 광고 배너 다음 11위에서 20위까지의 데이터를 추출해 보겠습니다. 1위에서 10위까지 데이터를 추출한 직후, 데이터 추출 상태에서 같은 방법으로 '11'을 한 번 더 클릭합니다.

> **TIP** '2'가 아닌 '교보문고 Best 1'을 선택하거나, 2위에 나타나는 타겟 박스를 선택할 때 잘못된 범위를 설정할 경우, 추출한 순위 데이터에 1위가 포함되지 않을 수도 있습니다. 이와 같은 현상이 일어나는 이유는 컴퓨터에서 인식하는 HTML 문서상 구조가 조금씩 다르게 인식되기 때문입니다. UiPath에서는 복잡한 HTML 문서 구조를 자동으로 분석하여 패턴을 찾아 패턴에 일치하는 정보를 가져오는데, 정확히 어느 위치의 값을 기준으로 삼아 분석하느냐에 따라 결과가 달라지기 때문에 발생하는 현상인 것입니다.

교보문고 이외의 다른 사이트에서도 구조나, 마우스 커서 위치에 따라 추출되는 데이터가 달라질 수 있으며, 필요한 정보를 정확히 가져오기 위해서는 이에 맞는 타겟 박스를 잘 설정해야 합니다. 따라서 데이터 추출 작업 시에는 타겟 박스를 설정한 후 필요한 정보가 정확히 선택되고, 잘 추출되었는지를 꼼꼼히 확인해야 합니다. 추출한 데이터에 누락이나 오류가 있을 때는 휴지통 모양 아이콘을 눌러 앞서 선택한 데이터를 삭제한 다음에 다른 데이터를 클릭하거나, 마우스 커서 위치를 살짝 바꿔 재시도해 보세요.

04 순위 데이터를 추출했다면 데이터 추출 상태에서 순위 상관없이 '제목'에 마우스 커서를 올린 후, 타겟 박스를 선택합니다. '선택 영역' 대화상자가 나타나면 [확인] 버튼을 클릭합니다.

❶ 타겟 박스 선택

> **TIP** 계속을 클릭하면, 앞서 선택했던 순위 정보에 현재 정보를 덮어쓰게 됩니다. 즉, 순위 정보는 무효화되고 그 자리에 순위 정보를 대신하여 책 제목 정보가 정리되게 됩니다.

05 타겟 박스 옆에 추출 text, 추출 URL 중 하나를 고르는 팝업 메뉴가 표시되면 '추출 text'를 클릭합니다. '데이터 추출' 대화상자에 '새 열 1'이라는 이름으로 제목 데이터가 추출된 것을 확인할 수 있습니다.

TIP 마우스로 타겟 박스를 설정할 때 클릭하는 미묘한 위치 차이, 브라우저의 차이에 따라 '추출 text', '추출 URL' 중 하나를 고르라는 메시지가 뜨지 않을 수도 있습니다.

06 제목 데이터를 추출했다면 데이터 추출 상태에서 순위 상관없이 '저자·출판사·출간일'에 마우스 커서를 올린 후, 타겟 박스를 선택합니다. 마찬가지로 '선택 영역' 대화상자가 나타나면 [확인] 버튼을 클릭합니다. '새 열 2'이라는 이름으로 데이터가 추출되었다면 [확인] 버튼을 클릭해 데이터 추출을 끝냅니다.

07 '새 열 0' 항목 오른쪽 톱니 바퀴 아이콘을 클릭합니다. '열 설정' 팝업 상
자의 '열 이름' 옵션에 '순위'를 쓰고, '다음으로 데이터 구문 분석' 옵션은
'숫자'로 설정한 다음 **[저장 및 닫기]** 버튼을 클릭합니다.

08 같은 방법으로 '새 열1', '새 열2' 항목의 오른쪽 톱니 바퀴 아이콘을 클릭해 '열 이름'을 '제목', '책정보'로 변경하고 '다음으로 데이터 구문 분석' 옵션은 모두 '텍스트'로 설정합니다.

[다음] 버튼 클릭 설정하기 1

01 데이터 설정을 변경하였으면 '여러 페이지에서 데이터 추출' 옵션을 '예'
로 설정합니다. 설정하면 아래에 '다음 버튼' 옵션이 추가되고, 데이터
추출 상태가 되면서 교보문고 웹페이지가 나타납니다.

02 데이터 추출 상태에서 교보문고 홈페이지의 [다음] 버튼을 클릭해 타
겟을 설정합니다.

TIP 사용자의 환경에 따라서는 타겟을 선택할 때 설정된 타겟이 빨간색으로 표시되는 경우가 있습니다. 이는 UiPath StudioX에서 정확한 값을 찾기가 어렵다는 의미로, 값을 찾을 수 있도록 '앵커'를 설정해 주어야 합니다. 타겟이 빨간색으로 표시되었을 때, 마우스를 웹페이지 안에서 움직여 파란색 닻 모양의 아이콘이 포함된 타겟을 선택해 지정할 수 있습니다.

가능하면 앵커는 타겟과 멀지 않은 곳에 있으면서, 쉽게 바뀌지 않는 개체를 선택하는 것이 좋습니다. 예를 들어 타겟으로 설정한 [다음] 버튼 왼쪽의 [이전] ⊙ 버튼이나 위쪽에 있는 [전체] 탭은 좋은 앵커가 될 수 있습니다. 반면 페이지 수, 날짜, 베스트셀러 1위는 [다음] 버튼 근처에 있긴 하지만 좋지 않은 앵커입니다. 모두 변동이 있을 수 있기 때문입니다.

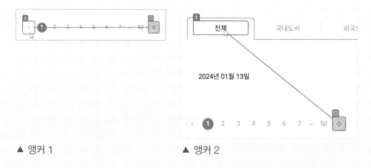

▲ 앵커 1   ▲ 앵커 2

03 '데이터 추출 대화상자'로 돌아와 '다음 버튼' 옵션 옆에 있는 톱니바퀴 모양의 [설정] 버튼을 클릭합니다. '다음 버튼 편집' 대화상자의 '엄격한 선택기' 옵션을 [체크] 한 후 [확인] 버튼을 클릭합니다.

> **TIP** '엄격한 선택기'는 설정한 타겟과 정확하게 일치하는 단 하나의 값만 찾기 때문에 속도가 빠르다는 장점이 있습니다. 하지만 정보가 조금만 바뀌어도 값을 못 찾을 수 있기 때문에 변화가 잦은 버튼에는 조심해 사용해야 합니다.

04 [**저장 및 닫기**] 버튼을 클릭하여 UiPath Studio X로 돌아옵니다.

05 [**다음으로 추출**] 옵션에서 ⊕ 옵션–[**변수 만들기**]를 클릭한 다음, '변수 만들기' 대화상자의 '변수에 이름 지정'에 'BestSeller'를 적고 [**확인**] 버튼을 클릭합니다.

추출한 데이터 엑셀 파일로 저장하기

추출한 데이터를 그대로 엑셀 파일로 저장하는 액티비티를 구성해 보겠습니다.

1. Use Application/Browser–1.1 Extract Table Data–1.2 Use Excel File–1.2.1
   Write DataTable to Excel

01 [액티비티] 그룹–[리소스] 옵션–[Use Excel File] 액티비티를 드래그해 [1.1 Extract Table Data] 아래의 ⊕에 놓습니다.

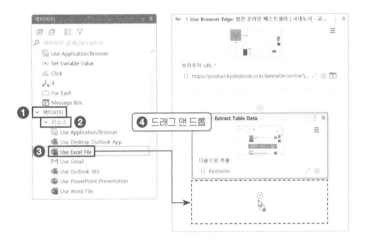

02 [Excel 파일] 옵션-[**파일 탐색**] 버튼을 클릭하고, 'Excel 문서 선택' 대화
상자에서 [Sample] 폴더-[Ch3_7] 폴더-[Result] 폴더를 선택한 다음
'파일 이름(N)' 옵션에 'Kyobo_BestSeller'를 입력한 후 [**열기**] 버튼
을 누릅니다.

03 [Excel 파일] 옵션에서 ⊕ 버튼-[**텍스트**]를 클릭합니다.

04 대화상자에 텍스트 커서를 '₩'와 'KyoBo' 사이에 둔 상태에서 우측의 ⊕ 버튼-[**노트북**]-[Date]-[YYYYMMDD [**셀**]]을 선택하고 [**저장**] 버튼을 클릭합니다.

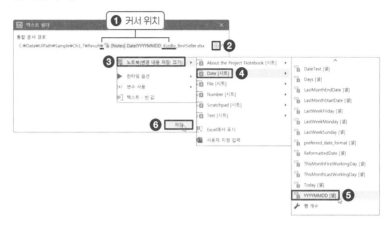

> **TIP** 이제 파일명에 자동으로 날짜가 추가됩니다.

05 [**액티비티**] 그룹–[Excel] 옵션–[**범위**] 옵션–[Write DataTable to Excel]
액티비티를 드래그해 [1.2 Use Excel File] 액티비티 내부 '⊕ 여기에 액
티비티 놓기'에 놓습니다.

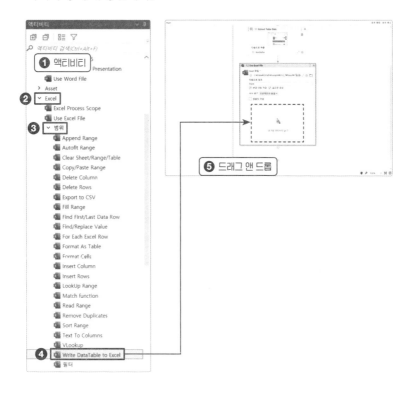

06 [쓰는 내용] 옵션에서 ⊕ 버튼-[변수 사용]를 클릭하고, [변수]-
[BestSeller]를 클릭합니다.

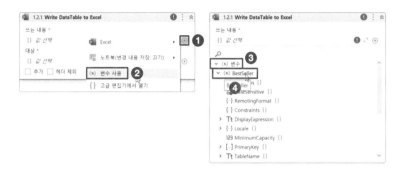

07 [대상] 옵션에서 ⊕ 버튼-[Excel]-[사용자 지정 입력]을 클릭합니다.

08 '사용자 지정 입력' 대화상자의 [시트] 옵션에 [체크] 합니다. [워크시트 이
름] 옵션에서 ⊕ 버튼-[텍스트]를 선택하고, '텍스트 빌더' 대화상자에
'Sheet1'을 입력하고 [저장] 버튼을 클릭합니다.

09 [실행] 버튼을 누릅니다. 교보문고 웹페이지의 정보를 추출해 [Result] 폴더에 최종 결과 파일로 저장하는 것을 볼 수 있습니다.

Ui 앵커를 활용해 데이터 추출하기

교보문고 베스트셀러 정보를 추출하며, 간단하게 앵커를 알아보았습니다. 이번 예제에서는 본격적으로 앵커를 활용해 데이터를 추출해 보겠습니다.

정보를 추출하고 엑셀 파일에 저장하는 과정은 직전 예제에서 수행한 방법과 거의 동일합니다. 차이는 각각의 웹페이지에서 다음 페이지로 넘어가는 반복문 구현 방법에 있습니다.

실습 준비하기

YES24의 '국내도서 종합 베스트' 정보를 가져와 엑셀 파일 형태로 저장해 보겠습니다.

1. Use Application/Browser–1.1 Extract Table Data

01 Yes24 홈페이지(https://www.yes24.com/main/default.aspx)에서 [베스트]를 클릭해 '국내도서 종합 베스트' 페이지에 접속합니다.

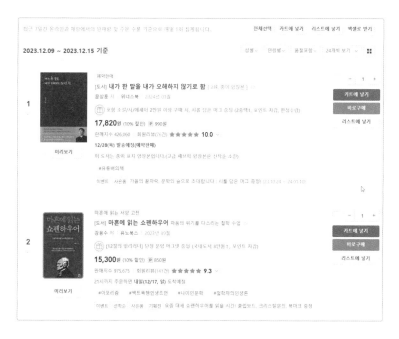

TIP 교보문고와 Yes24는 사이트의 구성은 비슷하지만, [다음] 버튼을 누르면 2번째 페이지로 넘어갔던 교보문고와 달리 Yes24에서는 11번째 페이지로 이동해 버립니다.

Yes24에서 베스트셀러 정보를 순서대로 추출하기 위해서는 1번째 페이지부터 10번째 페이지까지 모두 하나하나 클릭-저장하는 반복문을 만들어서 내용을 저장해야 됩니다.

02 실습을 위해 새 태스크를 만들어 보겠습니다. 홈 화면에서 [새로 만들기]-[빈 태스크]를 누릅니다. '빈 태스크' 대화상자의 [이름] 옵션에 '3_7 Yes24 베스트셀러'를 적고, [위치] 옵션에 '₩Ch 3'를 입력한 후 [만들기] 버튼을 클릭합니다. [Ch 3] 폴더 안에 [3_7 Yes24베스트셀러] 폴더가 생성됩니다.

03 [액티비티] 그룹–[리소스] 옵션–[Use Application/Browser] 액티비티를 드래그해 디자이너 패널의 '⊕ 여기에 액티비티 놓기'에 놓습니다.

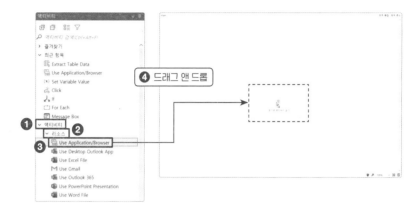

04 '자동화할 애플리케이션 표시'를 클릭해 Yes24 '국내도서 종합 베스트' 페이지를 클릭합니다.

05 [액티비티] 그룹–[앱 및 웹 자동화] 옵션–[Extract Table Data] 액티비티를 드래그해 [1. Use Browser Edge] 액티비티 내부의 '⊕ 여기에 액티비티 놓기'에 놓습니다.

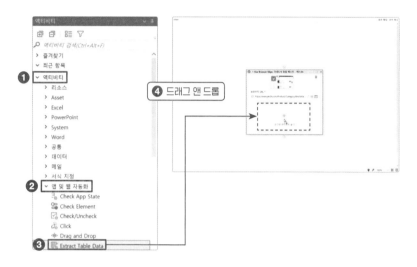

06 [표시할 애플리케이션] 버튼을 클릭하면 '테이블 추출' 대화상자가 나타납니다.

데이터 추출하기

이제 YES24 '국내도서 종합 베스트' 페이지에서 순위, 제목, 저자, 판매지수 데이터를 추출해 보겠습니다.

01 '테이블 추출' 대화상자의 **[추출할 데이터 선택]** 버튼을 클릭합니다. 데이터 추출 상태에서 '1'에 마우스 커서를 올린 후, 타겟 박스를 선택합니다. '데이터 추출' 대화상자에 '새 열 0'이라는 이름으로 순위 데이터가 추출 된 것을 확인할 수 있습니다.

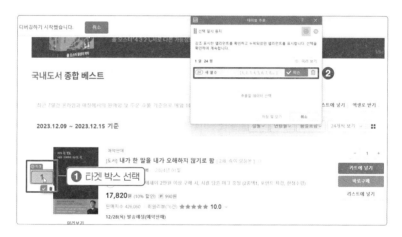

02 데이터 추출 상태에서 '제목'에 마우스 커서를 올린 후, 타겟 박스를 선택합니다. '선택 영역' 대화상자가 나타나면 **[확인]** 버튼을 클릭합니다.

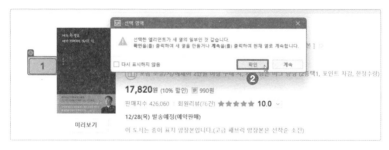

03 타겟 박스 옆에 추출 text, 추출 URL 중 하나를 고르는 팝업 메뉴가 표시되면 '추출 text'를 클릭합니다. '데이터 추출' 대화상자에 '새 열 1'이라는 이름으로 제목 데이터가 추출된 것을 확인할 수 있습니다.

TIP 사용자 PC 환경에 따라 데이터 추출 과정에서 '선택 영역' 대화상자, '추출 text', '추출 URL' 팝업 메뉴가 나타나지 않을 수 있습니다.

04 제목 데이터를 추출한 후, 데이터 추출 상태에서 '저자'에 마우스 커서를 올린 후, 타겟 박스를 선택합니다. '데이터 추출' 대화상자에 '새 열 2'이 라는 이름으로 제목 데이터가 추출된 것을 확인할 수 있습니다.

> **TIP** 타겟 박스를 선택할 때 '저자명'만 선택할 경우, 공동 저자인 데이터를 정확히 가 저오지 못하는 경우가 있습니다. 이때 '저자명'과 그 뒤 단어 '저'가 함께 선택되도록 마 우스 커서를 잘 조정하시기 바랍니다.

▲ '저자명'만 선택한 경우

05 저자 데이터를 추출했다면 데이터 추출 상태에서 '판매지수'에 마우스 커서를 올린 후, 타겟 박스를 선택합니다. '데이터 추출' 대화상자에 '새 열 3'이라는 이름으로 제목 데이터가 추출되었다면 같은 행의 [확인] 버튼을 눌러 데이터 추출을 마무리합니다.

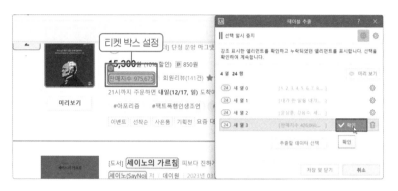

06 각각의 데이터 설정을 변경하겠습니다. '새 열 0' 항목 오른쪽 톱니바퀴를 클릭합니다. '열 설정' 팝업 상자가 나타나면 '열 이름' 옵션에 '순위'를 적고, '다음으로 데이터 구문 분석' 옵션은 '텍스트'로 설정한 다음에 [저장 및 닫기] 버튼을 클릭합니다.

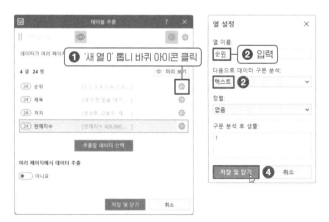

07 같은 방법으로 '새 열 1', '새 열 2', '새 열 3' 항목의 오른쪽 톱니바퀴 아이콘을 클릭해 '열 이름'을 제목, 저자, 판매지수로 변경합니다. 이때 '판매지수' 데이터는 '다음으로 데이터 구문 분석' 옵션을 '숫자'로 바꿔 설정하겠습니다.

08 '여러 페이지에서 데이터 추출'은 '아니오'로 설정하고, [저장 및 닫기] 버튼을 클릭하여 UiPath Studio X로 돌아옵니다.

09 [1.1 Extract Table Data] 액티비티 [다음으로 추출] 옵션에서 ⊕ 버튼–[변수 만들기]를 선택한 다음, '변수 만들기' 대화상자가 나타나면 '변수에 이름 지정' 옵션에 'BestSeller'를 적고 [확인] 버튼을 클릭합니다.

추출한 데이터 엑셀 파일로 저장하기

추출한 데이터를 그대로 엑셀 파일로 저장하는 액티비티를 구성해 보겠습니다.

1. Use Application/Browser–1.1 Extract Table Data–1.2 Use Excel File–1.2.1 Write DataTable to Excel

01 [액티비티] 그룹–[리소스] 옵션–[Use Excel File] 액티비티를 드래그해 [1.1 Extract Table Data] 아래의 ⊕에 놓습니다.

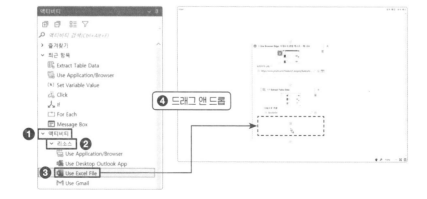

02 [Excel 파일] 옵션-[파일 탐색] 버튼을 클릭하고, 'Excel 문서 선택' 대화

상자에서 [Sample] 폴더-[Ch3_7] 폴더-[Result] 폴더를 선택한 다음

'파일 이름(N)' 옵션에 'Yes24_BestSeller'를 입력한 후 [열기] 버튼을

누릅니다.

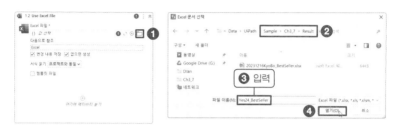

03 [Excel 파일] 옵션의 ⊕ 버튼-[텍스트]를 클릭합니다.

04 대화상자에 텍스트 커서를 'W'와 'Yes24' 사이에 둔 상태에서 우측의
⊕ 버튼–[**노트북**]–[Date]–[YYYYMMDD [**셀**]]을 선택하고 [**저장**] 버튼을
클릭합니다.

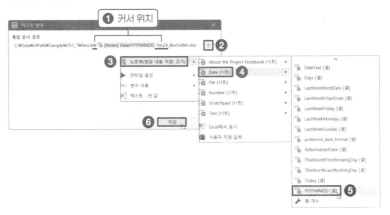

05 [액티비티] 그룹–[Excel] 옵션–[범위] 옵션–[Write DataTable to Excel] 액티비티를 드래그해 [1.2 Use Excel File] 액티비티 내부 '⊕ 여기에 액티비티 놓기'에 놓습니다.

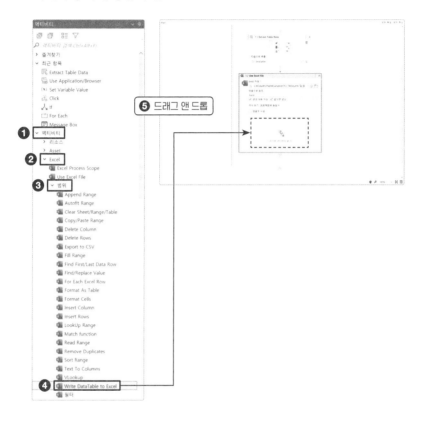

06 [쓰는 내용] 옵션에서 ⊕ 버튼-[변수 사용]를 클릭하고, [변수]-
[BestSeller]를 클릭합니다.

07 [대상] 옵션에서 ⊕ 버튼-[Excel]-[사용자 지정 입력]을 클릭합니다.

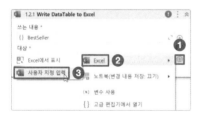

08 '사용자 지정 입력' 대화상자가 나타나면 [시트]에 [체크] 합니다. 그리고
[워크시트 이름] 옵션에서 ⊕ 버튼-[텍스트]를 선택하고, '텍스트 빌더' 대
화상자에 'Sheet1'을 입력하고 [저장] 버튼을 클릭합니다.

[다음] 버튼 클릭 설정하기 2

이제부터는 1번째 페이지부터 10번째 페이지까지 모두 하나하나 클릭하도록 설정하고, 각 페이지에서 데이터를 읽어와 저장하는 반복문을 작성해 보겠습니다.

1. Use Application/Browser-1.1 Extract Table Data-1.2 Use Excel File-1.2.1 Write DataTable to Excel-1.2.2 Repeat Number Of Times-1.2.2.1 Set Variable Value-1.2.2.2. Click

01 [액티비티] 그룹-[공통] 옵션-[컨트롤] 옵션-[Repeat Number Of Times] 액티비티를 드래그해 [1.2.1. Write DataTable to Excel] 액티비티 아래의 ⊕에 놓습니다.

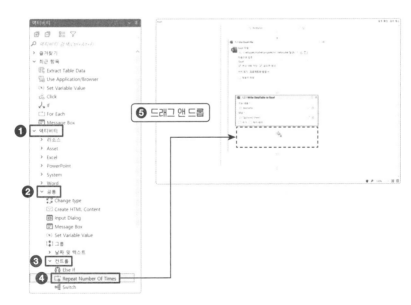

02 2번째 페이지~10번째 페이지까지 동작을 총 9번 반복할 것이므로, **[반복 횟수]** 옵션에서 ⊕ 버튼-**[숫자]**를 클릭합니다. '숫자 계산' 대화상자에 '9'를 입력하고 **[저장]** 버튼을 클릭합니다.

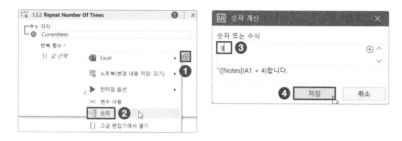

> **TIP** 반복 횟수는 [각각] 옵션에 쓰여 있는 'CurrentItem'이라는 이름의 변수로 저장된다는 점을 기억해 주세요.

03 **[액티비티]** 그룹-**[공통]** 옵션-**[Set Variable Value]** 액티비티를 드래그해 **[1.2.2 Repeat Number Of Times]** 액티비티 안 '⊕ 여기에 액티비티 놓기'에 놓습니다.

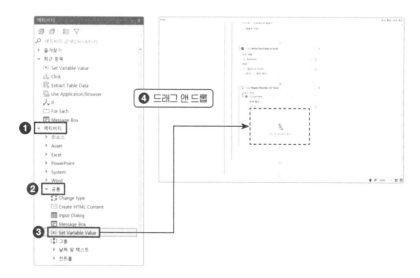

04 왼쪽 [Save to] 옵션에서 ⊕ 버튼-[**변수 만들기**]를 클릭합니다. '변수 만들기' 대화상자의 [**변수에 이름 지정**] 옵션에 'i'를 입력하고, [**데이터 형식**] 옵션은 '숫자'를 선택한 후 [**확인**] 버튼을 클릭합니다.

05 오른쪽 [**저장할 값**] 옵션에서 ⊕ 버튼-[CurrentItem]을 클릭하고, 다시 ⊕ 버튼-[**숫자**]를 클릭합니다. '숫자 계산' 대화상자에 입력되어 있는 'CurrentItem' 뒤에 '+1'을 입력하고 [**저장**] 버튼을 클릭합니다.

06 [액티비티] 그룹–[앱 및 웹 자동화] 옵션–[Click] 액티비티를 드래그해 [1.2.2.1 Set Variable Value] 아래 ⊕에 놓습니다.

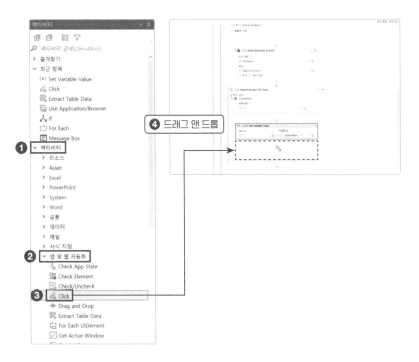

07 [표시할 애플리케이션] 버튼을 클릭합니다. YES24의 '국내도서 종합 베스트' 페이지가 열립니다.

08 '선택 옵션' 대화상자가 나타나고 '표시할 엘리먼트를 가리키고 클릭하여 선택합니다.'라는 메시지가 보이면 웹페이지 맨 밑 버튼에 마우스 커서를 올린 후, 타겟 박스를 클릭합니다.

09 타겟 박스를 선택하면 '선택 옵션' 대화상자에 '앵커를 자동으로 찾을 수 없습니다.'라는 메시지가 나타납니다. 이때 Yes24 홈페이지의 [다음] 버튼을 클릭해 앵커를 설정하면 '타겟 및 앵커가 정상입니다.'라는 메시지가 나타납니다.

10 방금 전 클릭한 타겟 박스 위에 마우스 커서를 올립니다. 여러 아이콘 중 톱니바퀴 모양의 [설정] 버튼을 클릭하면 '구성' 대화상자가 나타납니다.

11 '구성' 대화상자에서 [타겟] 옵션–[퍼지 선택기]에 '2'를 지우고 '{{i}}'를 입력합니다. {{i}}가 (×) i 로 변경됩니다.

> **TIP** 이처럼 변수 이름을 정확히 알고 있다면 {{ }} 안에 변수명을 직접 타이핑하는 방법으로도 변수를 다룰 수 있습니다.

12 [Computer Vision] 옵션은 [**체크 해제**] 합니다. '선택 영역' 대화상자가
나타나면 [**확인**] 버튼을 클릭하고, 다시 [Computer Vision] 옵션을 [**체크
해제**] 합니다.

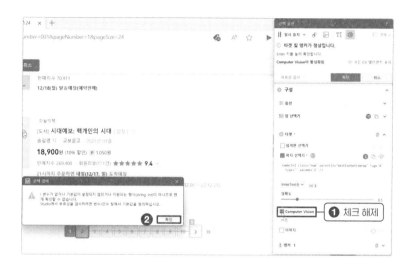

> **TIP** 선택한 타겟 박스와 앵커가 붉은색으로 표시된다면 무시하고 '선택 옵션' 대화상
> 자의 [확인] 버튼을 누릅니다. 마우스로 선택하는 개체의 미묘한 위치 차이나 브라우저의
> 차이에 따라서 붉은색 표시가 생기지 않을 수도 있습니다.

각각의 페이지 데이터 추출하기

앵커를 설정하였으면 이제 화살표 버튼을 한 번씩 눌러 페이지마다 데이터를 추출하도록 액티비티를 구성하겠습니다.

1. Use Application/Browser–1.1 Extract Table Data–1.2 Use Excel File–1.2.1 Write DataTable to Excel–1.2.2 Repeat Number Of Times–1.2.2.1 Set Variable Value–1.2.2.2. Click–1.2.2.3 Extract Table Data–1.2.2.4 Write DataTable to Excel

01 [1.1 Extract Table Data] 액티비티를 클릭해 선택한 후, Ctrl + C – Ctrl + V 를 순차적으로 누르고 복사한 [1.2 Extract Table Data] 액티비티를 [1.3.2.2 Click '2'] 액티비티 아래 ⊕로 드래그합니다.

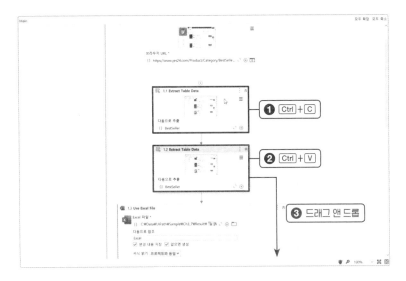

02 [1.2.1 Write DataTable to Excel] 액티비티를 클릭해 선택한 후, Ctrl +C − Ctrl +V 를 순차적으로 누르고 복사한 [1.2.2 Write DataTable to Excel] 액티비티를 [1.2.3.3 Extract Table Data] 액티비티 아래 ⊕로 드래그합니다.

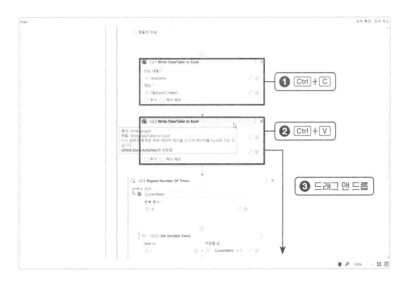

03 [1.2.2.4 Write DataTable to Excel] 액티비티의 **[추가]** 옵션과 **[헤더 제외]** 옵션을 **[체크]** 합니다.

> **TIP** 처음 저장되는 데이터 뒤에 이어 저장하기 위해 [헤더 제외] 옵션에 [체크] 해 주세요.

04 데이터 추출 프로세스가 완성되었습니다. **[실행]** 버튼을 누르면 Yes24 웹페이지의 정보를 추출해 **[Result]** 폴더에 최종 결과 파일이 저장되는 것을 볼 수 있습니다.

이상으로 UiPath StudioX를 이용한 다양한 예제를 살펴봤습니다. 예제를 진행하시면서 RPA를 구현하는 것이 생각보다 어렵지 않다고도 느끼실 수 있었을 것입니다. 각각의 단계가 여러 장의 이미지로 설명되어서 그렇지, 직접 활용하실 때는 대부분의 예제를 직관적으로 이해하고, 본인만의 RPA를 만드실 수 있을 것이라 생각합니다.

UiPath StudioX는 누구나 RPA를 구현할 수 있도록 만든 쉽고 직관적인 프로그램입니다. 무엇보다 'No Coding'을 지향하고 있어 코딩을 할 줄 모르더라도 자신의 업무 프로세스를 정확히 이해하고 있다면 RPA를 구현할 수 있습니다. 이 책을 통해 UiPath StudioX와 조금 더 가까워짐으로써, 실질적으로 내게 필요한 업무 자동화를 실현하시는 데 큰 도움이 되기를 바랍니다.

진솔한 서평을 올려 주세요!

이 책 또는 이미 읽은 제이펍의 책이 있다면, 장단점을 잘 보여 주는 솔직한 서평을 올려 주세요.
매월 최대 5건의 우수 서평을 선별하여 원하는 제이펍 도서를 1권씩 드립니다!

▪ **서평 이벤트 참여 방법**
❶ 제이펍 책을 읽고 자신의 블로그나 SNS, 각 인터넷 서점 리뷰란에 서평을 올린다.
❷ 서평이 작성된 URL과 함께 **review@jpub.kr**로 메일을 보내 응모한다.

▪ **서평 당선자 발표**
매월 첫째 주 제이펍 홈페이지(**www.jpub.kr**)에 공지하고, 해당 당선자에게는 메일로 연락을 드립니다.
단, 서평단에 선정되어 작성한 서평은 응모 대상에서 제외합니다.

독자 여러분의 응원과 채찍질을 받아 더 나은 책을 만들 수 있도록 도와주시기 바랍니다.